www.ingramcontent.com/pod-product-compliance
Lightning Source LLC
LaVergne TN
LVHW021236080526
838199LV00088B/4539
9789358723908

سچ کا زہر

(ڈرامے)

مرتبہ:

سید معزالدین احمد فاروق

© Taemeer Publications LLC

Sach ka Zahr (Urdu Dramas)
by: Syed Moizuddin Ahmad Farooq
Edition: April '2024
Publisher :
Taemeer Publications LLC (Michigan, USA / Hyderabad, India)

ISBN 978-93-5872-390-8

مرتب یاناشر کی پیشگی اجازت کے بغیر اس کتاب کا کوئی بھی حصہ کسی بھی شکل میں بشمول ویب سائٹ پر اَپ لوڈنگ کے لیے استعمال نہ کیا جائے۔ نیز اس کتاب پر کسی بھی قسم کے تنازع کو نمٹانے کا اختیار صرف حیدرآباد (تلنگانہ) کی عدلیہ کو ہو گا۔

© تعمیر پبلی کیشنز

کتاب	:	**سچ کا زہر** (ڈرامے)
مرتب	:	**سید معزالدین احمد فاروق**
کمپیوٹر کمپوزنگ	:	ساحل کمپیوٹرس، مومن پورہ، ناگپور
پروف ریڈنگ / تدوین	:	اعجاز عبید
صنف	:	ڈراما
ناشر	:	تعمیر پبلی کیشنز (حیدرآباد، انڈیا)
سالِ اشاعت	:	۲۰۲۴ء
صفحات	:	۲۰۲
سرورق ڈیزائن	:	تعمیر ویب ڈیزائن

فہرست

(۱)	پیش لفظ	محمد امین الدین	6
(۲)	بیکاری	کرشن چندر	8
(۳)	نقل مکانی	راجندر سنگھ بیدی	18
(۴)	محل سرا	ڈاکٹر محمد حسن	55
(۵)	سچ کا زہر	ڈاکٹر محمد حسن	92
(۶)	تماشا اور تماشائی	ڈاکٹر محمد حسن	110
(۷)	خوابوں کا سوداگر	ڈاکٹر محمد حسن	149
(۸)	پڑوسن کا کوٹ	اوپندر ناتھ اشک	176

پیش لفظ

ڈراما یونانی زبان کے لفظ ''ڈراؤ'' سے مشتق ہے۔ جس کے معنی ہیں عمل یا ایکشن، ہر ملک اور ہر زبان کی تعریف کے مطابق ڈراما انسانی زندگی کی عملی تصویر مانا گیا ہے۔ قدیم زمانے سے لے آج تک فنی اصطلاح میں ڈراما کا اطلاق اس صنف ادب پر ہوتا ہے۔ جس کے الفاظ میں گفتار کی متحرک قوت اور کردار میں عمل اور ارادہ کی کیفیت موجود ہے۔

آج اردو ڈراما کا تذکرہ کرتے ہوئے صرف ماضی کی داستان اور قدیم اسٹیج اور تھیٹر کی کہانیاں دہرائی جاتی ہیں۔ اس کا سب سے بڑا سبب اسٹیج اور تھیٹر کی عدم موجودگی ہے۔ کیونکہ ڈراما صرف لفظی و کاغذی پیرہن سے مکمل نہیں ہوتا۔ یہ آرٹ زندگی کی سچی نقالی ہے اور اس کی تشکیل و تکمیل کا دارومدار نقل و حرکت پر ہے۔ یعنی ڈراما کی برکت اسٹیج اور تھیٹر کی تمثیلی حرکت ہی سے ہے۔

ڈراما خواہ اسٹیج کا ہو یا ریڈیو کا جہاں تک فنی لوازم و عناصر کا تعلق ہے اس کے ترکیبی اجزا سوا معدودے چند ہیئتی تبدیلیوں کے یکساں ہوتے ہیں۔ جب ہم فن ڈراما کا ذکر کرتے ہیں تو لازمی طور پر ہمارے سامنے تھیٹر اور اسٹیج کی تشکیل ہوتی ہے۔ ہر ڈرامے میں حسب ذیل اجزا یا عناصر ترکیبی کا ہونا ضروری ہے۔ اگر ان میں سے ایک بھی کمزور یا غائب ہو تو وہ ڈراما مکمل شکل اختیار نہیں کر سکتا۔

۱۔ کہانی کا مرکزی خیال یا تھیم ۲۔ پلاٹ ۳۔ آغاز

۴۔ کردار و سیرت نگاری ۵۔ مکالمہ ۶۔ تسلسل، کشمکش اور تذبذب

۷۔ تصادم ۸۔ نقطہ عروج و کلائمکس (Climax)) ۹۔ انجام

سید معز الدین فاروق صاحب نے جس ماحول میں آنکھیں کھولی وہ گھرانہ ایک تعلیم یافتہ اور نہایت ہی مہذب گھرانہ ہے۔ انھوں نے موروثی وضعداری کو قائم رکھا اور ایم اے (اردو) کا امتحان امتیازی حیثیت سے کامیاب ہو کر ناگپور مہاودیالیہ (ماریس کالج) میں بحیثیت لکچرار ملازمت کا سلسلہ شروع کیا۔ بچپن سے مطالعہ کا شوق رہا اس لئے مختلف اصناف ادب کا مطالعہ رہا لیکن خصوصیت سے ان کا رجحان فن ڈراما پر رہا۔

اس کتاب میں شامل تمام ڈرامے بھی ان شہرہ آفاق ڈرامہ نگاروں کے ہیں جنھوں نے اس فن کو عروج کی منزلوں تک پہنچانے میں کسی قسم کی کوئی کسر نہیں چھوڑی ہے۔

ان ڈراموں کے انتخاب کو مرتب کرنے کا ان کا مقصد یہ تھا کہ بعض کتب نایاب ہو چکی ہیں۔ جو ڈھونڈنے سے بھی نہیں ملتی۔ ایم اے کے نصاب میں ایک پرچہ ڈرامہ اور فکشن پر ہوتا ہے۔ جس کے لئے طلباء و طالبات کو دشواریوں کا سامنا کرنا پڑتا ہے۔ اگر اس طرح کا ایک انتخاب منظر عام پر آجائے تو طلباء و طالبات ایک بڑی پریشانیوں سے نجات پاجائیں گے۔

مجھے امید ہی نہیں یقین کامل ہے کہ "اردو ڈرامے" بھی ان کی دیگر تالیف کی طرح قبول عام کی سند پائیں گی اور اردو ادب کی اس صنف سے رابطہ رکھنے والوں کے لئے تفریح طبع اور تفنن طبع کے لئے دل بستگی کے مواقع فراہم کرے گی۔

محمد امین الدین

ایڈیٹر قرطاس، ناگپور ۳۰/اپریل ۲۰۰۶ء، ناگپور

بیکاری

کرشن چندر

ڈرامے کے افراد اور اداکار

بھیالال: کنہیالال

شیام سندر: کے۔ سی

اظہر: چتر بھج

سپاہی: چودھری

(ہندو ہوسٹل میں ۴۴ نمبر کا کمرہ گندہ، خاک آلودہ، دو چارپائیوں پر میلے بستر، ایک میز پر بہت سی کتابیں، سگریٹوں کا ڈبہ، قلمدان اور تھوڑی سی نقدی۔ ایک چارپائی پر شیام سندر بال بکھیرے غمگین صورت بنائے بیٹھا ہے اور سگریٹ کے کش لگا کر دھوئیں کے مرغولے سے ہوا میں چھوڑ رہا ہے۔ یکایک دروازے سے بھیالال داخل ہوتا ہے۔ لمبا، دبلا، پتلا، جوان ہے۔ گال اندر پچکے ہوئے، زرد رو، ایم اے پاس)

بھیالال : (چارپائی پر بیٹھ کر) آج وہ بدلہ لیا کہ ساری عمر یاد رکھے ہی رکھے گی۔ یہ اونچے طبقے کے لوگ نہ جانے ہمیں کیوں کیڑوں مکوڑوں سے بھی بدتر خیال کرتے ہیں۔

شیام سندر : (ایک حزیں مسکراہٹ کے ساتھ) کیا بات ہوئی؟ کس سے بدلہ لیا؟

وہ بد قسمت کون ہے؟

بھیالال :وہی تو ہے ڈاکٹر گھنشیام لال کی بیوی جمنا۔ اوہ مگر تم اسے نہیں جانتے۔ موٹی سانولی سی ہے۔ دو بچے ہو جانے پر بھی ایف اے میں پڑھتی ہے۔ میں آج تین مہینے سے اسے تواریخ پڑھا رہا ہوں۔ سمجھ میں نہیں آتا کہ عورتوں کو تواریخ کی کیا ضرورت ہے۔ انہیں تو چاہئے چولہا چاہئے۔ خیر ہمیں تو اپنے پیسوں سے کام ہے۔ دو گھنٹے پڑھاتا ہوں۔ پندرہ روپئے ملتے ہیں۔

شیام سندر　　:غنیمت جانو۔

بھیالال :(ایک نقلی آہ بھر کر) ٹھیک ہے مگر۔۔۔ میری شکل وصورت میں اسی بارے میں تم سے مشورہ کرنے آیا تھا کہ۔۔۔

شیام سندر　　:(بات کاٹ کر) مگر تم سے کس مسخرے نے کہہ دیا کہ میں حسن کا جراح ہوں۔

بھیالال :(بات ان سنی کر کے) اوہ! میں اپنی صورت کو کیا کہوں۔ میرا رنگ قدرتی طور پر زرد ہے۔ جس سے ہر شخص کو مجھ پر تپ دق کا مریض ہونے کا شبہ ہوتا ہے۔ اب بتاؤ میں کیا کروں۔ جس دن سنڈے ٹائمز میں اشتہار دیکھا اسی دن عرضی لے کر ڈاکٹر گھنشیام لال کے پاس چلا گیا۔ وہ تو وہاں نہیں تھا اور آخر پڑھنا بھی تو اس کی بیوی ہی کو تھا۔ مجھے دیکھتے ہی گھبرا گئی۔ کہنے لگی آپ کچھ بیمار تو نہیں رہتے اور یہ اس نے کچھ ایسے ہمدردانہ لہجہ میں پوچھا کہ مجھ سے انکار نہ ہو سکا۔ جھوٹ موٹ کہہ دیا ”جی ہاں“ وہ اس پر کچھ گھبرا سی گئی۔ رکتے رکتے بولی ”اوہ۔۔۔ آپ۔۔۔ آپ کو کیا بیماری تھی۔ میں نے ایک قدم اس کے قریب بڑھ کر کہا ”تپ۔ محرقہ۔ ٹائیفائیڈ“ وہ یہ سن کر دو قدم پیچھے ہٹ گئی۔ کہنے لگی ”تپ محرقہ؟“ گویا اسے اب بھی یقین نہیں آتا تھا کہ میرے جیسا متین صورت بھی کبھی

تب محرقہ میں مبتلا ہو سکتا ہے۔ میں نے سوچا بچاری نہایت ہمدرد اور غریب نواز معلوم ہوتی ہے۔ آؤ لگے ہاتھوں اس کا فائدہ اٹھالیں۔ چنانچہ میں نے اور بھی مسکین بن کر کہا.جی ہاں ٹائیفائیڈ۔ پچھلے چار مہینے بستر پر پڑا رہا ہوں۔ اب کہیں جا کر افاقہ ہوا ہے۔ آپ کا اشتہار پڑھا کہ آپ کو ایک استاد کی ضرورت ہے جو دو گھنٹے روزانہ تواریخ کا درس دے سکے۔ اسی لئے حاضر ہوا ہوں۔ فیس وغیرہ طے کر لیجئے یہ رہے سرٹیفکٹ۔ باقی رہی ذہنی قابلیت تو اس کے لئے میرا صرف یہ ہی کہہ دینا مگر وہ جلد ہی بیچ میں بول اٹھی "نہیں نہیں " اس نے مجھے پریشان نگاہوں سے مجھے دیکھتے ہوئے کہا۔ اتنی جلدی کیا پڑی ہے۔ آپ کو کم از کم دو تین ہفتے آرام کرنا چاہیئے۔ آپ۔۔۔ آپ دو تین ہفتوں کے بعد ضرور تشریف لایئے۔ اے یار خیال یار کیا کرنا تھا اور کیا کر دیا تھا۔۔۔ میں نے اپنے آپ کو بہت بہت کوسا۔ مگر اب لکیر پیٹنے سے کیا ہوتا تھا۔ ناچار واپس چلا آیا اور پھر دوسرے دن ڈاکٹر گھنشیام لال کے ایک جگری دوست سے سفارش بہم پہنچائی۔

"مگر وہ تو بیمار معلوم ہوتے تھے۔ ڈاکٹر کی بیوی نے سفارش کے جواب میں کہا۔ انھوں نے مجھے خود بتایا کہ انہیں تب محرقہ تھا۔"

میری سفارش کرنے والے نے ہنس کر کہا۔ میں نے اسے آج تک کبھی بیمار ہی نہیں دیکھا۔ اس بچارے کی شکل ہی ایسی ہے۔۔۔ اور یہ ہے بھی ٹھیک۔۔۔ میں اسے مدت سے جانتا ہوں۔ یہ بھی ٹھیک تھا۔۔۔

تو اب تین مہینے سے اسے پڑھا رہا ہوں۔ بالکل کوڑ مغز ہے۔ دل میں مدت سے کسک تھی کہ اس سے بدلہ لوں۔ سو آج موقع مل گیا۔

شیام سندر : کیا ہوا؟

بھیالال :(جیسے اس نے سوال سنا ہی نہیں) یوں تو اس میں اب مجھے بھی کچھ شک نہیں کہ

صورت سے میں تپدق کا مریض دکھائی دیتا ہوں مگر کیا تم نے وہ انگریزی ضرب المثل نہیں سنی۔ کہ صورتیں اکثر دھوکا دیتی ہیں مجھے اچھی طرح یاد ہے کہ جب میں پانچویں جماعت میں تھا اس وقت بھی ایسا ہی دبلا پتلا تھا اور جماعت میں ہمیشہ ہر مضمون میں اول رہا کرتا تھا۔ چنانچہ حسب عادت پانچویں جماعت میں بھی اول ہی رہا۔ جب سالانہ جلسہ پر انعام تقسیم ہونے لگے تو میرے حصہ میں بہت سے انعام آئے۔ ان دنوں میں میری جماعت میں ایک اور لڑکا بشنداس بھی پڑھا کرتا تھا۔ نہایت ہی خوبصورت وجیہہ توانا تھا۔ نہایت اچھا گلا پایا تھا۔ کمبخت نے اسے بھی موسیقی میں اول رہنے پر تمغہ ملا۔ مجھے یاد ہے وہ مجھے تپقی کہا کرتا تھا۔ اس دن جلسہ پر اس کی خوبصورت بہنیں بھی آئی ہوئی تھیں اور میری دبلی پتلی بہنیں بھی اور جب میں بہت سے انعام سمیٹ کر لے گیا تو بشنداس کی بہنوں نے میری بہنوں کو اونچی آواز میں سنا کر کہا آہ بچارا بھیالال۔ یہ سب انعام اس کے کس کام کے جب کہ اس کو تپدق ہے۔ مجھے یاد ہے میری بہنوں نے بہت برا مانا تھا۔ مگر قسمت کی ستم ظریفی ملاحظہ ہو میں ابھی تک زندہ سلامت ہوں اور بچارا شکیل و توانا بشنداس دو سال ہوئے تپدق سے بیمار ہو کر چل بسا۔ آہ صورتیں کس قدر دھوکا دیتی ہیں۔ وہ بہت اچھا آدمی تھا اور جب کبھی میں پچھلے سالوں میں اپنے گاؤں گیا ہوں۔ وہ ہمیشہ مجھ سے میری صحت، میری کھانسی، میری حرارت عزیزی کے متعلق سوال کیا کرتا تھا اور یہ سوال تو ہر الو کا پٹھا جو مجھے دیکھ لے ایک دم سے جڑ دیتا ہے۔ مثلاً اگر میں کسی ڈاکٹر کے پاس چلا جاؤں اور اس سے کہوں کہ مجھے خفیف سی کھانسی آتی ہے۔ تو وہ میری شکل دیکھ کر بے اختیار کہہ اٹھتا ہے:

"آپ کو رات کو پسینہ تو نہیں آتا؟"

"جی نہیں۔ البتہ دن کو ضرور آتا ہے۔ خصوصاً جبکہ ورزش کرتا ہوں۔"

''کیا آپ کو کھانسی کے ساتھ خون بھی آتا ہے؟''

''نہیں جی۔ خون تو نہیں۔ مگر بلغم ضرور نکلتا ہے۔''

''اوہ۔۔۔ بخار؟''

''ابھی تک تو نہیں۔۔۔ لیکن اگر آپ کے سوالوں کی یہی رفتار رہی تو عین ممکن ہے کہ جلدی۔۔۔''

ڈاکٹر (قطع کلام کر کے) آپ کمرے سے باہر تشریف لے جائیں۔

بس تقریباً جس ڈاکٹر کے پاس جاؤ یہی ہوتا ہے۔ اب میں صلاح کر رہا ہوں کہ ڈاکٹر یار محمد سے اپنی چھاتی اور پھیپھڑوں کا ایکس رے فوٹو گراف لے کر ہمیشہ پاس رکھوں۔ تاکہ جب کوئی نیا ڈاکٹر یا پرانا حکیم سوال کرے آپ کو پسینہ تو نہیں آتا؟ خون نکلتا ہے؟ بخار کب سے؟ تو جھٹ یہی ایکسرے فوٹو اس کے ہاتھ میں دے دوں اور کہوں۔ بھلے مانس کل میں نے ذرا آچار زیادہ کھالیا تھا اس لئے صرف کھانسی کی دوا چاہئے۔

شیام سندر :نیک خیال ہے۔

بھیالال :بچارے ڈاکٹر لوگ تو الگ رہے۔ خود میرے استاد۔۔۔ کیا کہوں؟۔۔۔ بہت دنوں کی بات ہے۔ میں ان دنوں نئی نئی ورزشیں سیکھ رہا تھا۔ چاہتا تھا کہ اپنے نحیف جسم کو فربہ بنالوں اور چہرے کی زرد رنگت کو گلاب کی سرخی میں تبدیل کر دوں چنانچہ خوب ڈنڈ پیلتا تھا اور دودھ پیتا تھا۔ تین چار مہینے یہی کیفیت رہی۔ اس کے بعد ہمارا جغرافیہ کا ٹیچر جو ساڑھے تین مہینے کی چھٹی لے کر اپنی لڑکی کا بیاہ کرنے کے لئے جنڈیالہ گیا ہوا تھا۔ واپس آگیا اور مجھے دیکھتے گراؤنڈ کے قریب ملا۔ مجھے دیکھتے ہی کہنے لگا اوہ تم بہت کمزور ہو گئے ہو۔ کیا بیمار ہو گئے تھے۔ میں نے دل میں سوچا بیمار تو نہیں رہا البتہ ورزش ضرور کرتا رہا ہوں۔ اس دن سے لے کر آج تک میں نے پھر ورزش نہیں کی۔ بھلا ورزش کا فائدہ ہی

کیا ہے۔ جب یہ دوسروں کو مغالطہ میں ڈال دے اور پھر مفت میں اپنے جسم کو تکلیف دینا۔ قید بامشقت نہیں تو اور کیا ہے۔

شیام سندر : نہیں آپ ورزش سے اپنے جسم کو صحت ور بنا سکتے ہیں۔ ورزش سے جسم میں چشتی آتی ہے۔ بہت ہلکا پھلکا۔۔۔

بھیالال : مجھے بتاتے ہو، شیام سندر؟ تیسری جماعت کا سبق دہرا رہے ہو۔ اس میں تو اور بھی کئی نکمی اور جھوٹی باتیں لکھی ہیں مثلاً ورزش نہایت اچھی ہوتی ہے، جھوٹ بولنا گناہ ہے، دیانتداری بڑی نعمت ہے، دوسرے کی چیز پر نگاہ نہ ڈالو۔ سب بکواس، سفید جھوٹ۔

شیام سندر : تم ڈاکٹر گھنشیام لال کی بیوی کا ذکر کر رہے تھے۔ جسے تم پڑھاتے رہے ہو۔

بھیالال : ہاں میں جمنا کا ذکر کر رہا تھا۔ مگر تم نے کبھی سوچا کہ میری بدصورتی میں میرا کتنا قصور ہے۔ میرے ماں باپ بھی ایسے ہی تھے۔ قصور تو ان کا ہے کہ اپنی بدصورتی کو جانتے ہوئے بھی مجھے جنم دیا۔

شیام سندر : یہ تو محض حسن اتفاق تھا۔

بھیالال : مجھے تو اس میں خاک بھی "حسن اتفاق" نظر نہیں آتا اور یوں دیکھا جائے تو اس میں قباحت ہی کیا ہے۔ ذرا خیال تو کرو۔ قدرت نے دو کان، آنکھ، ہاتھ، پاؤں، نتھنوں اور ہونٹوں کے مجموعہ سے انسانوں کے کتنے نمونے ایجاد کئے ہیں کہ ایک کی شکل دوسرے سے نہیں ملتی۔ بجائے اس کے قدرت کی طباعی اور فنکاری کی داد دی جائے۔ لوگ مجھ پر ہنستے ہیں۔ کتنی بے وقوفی ہے۔ آج انسانوں میں کوئی بڑے سے بڑا آرٹسٹ قدرت کے اس شاندار تنوع کی ایک مثال پیدا کر دے۔ تو میں جانوں۔

شیام سندر : بے شک۔ بے شک، مگر وہ ڈاکٹر کی بیوی۔۔۔

بھیالال : ارے بھائی۔ اب اس کی بیوی کی کون سی بات رہ گئی۔ میں اسے تین مہینے سے پڑھا رہا ہوں اور اس عرصہ میں وہ کوئی پندرہ بار بیمار پڑی ہو گی اور کوئی اس دس بار ہی اس کے ڈاکٹر خاوند کو موسمی بخار کا شکار ہونا پڑا ہے۔ کبھی دیکھو تو سر میں درد ہے، کبھی پیٹ میں، کبھی بخار، کبھی نزلہ اور مجھ دیکھو تو ان تین مہینوں میں ایک چھینک بھی نہیں آئی۔ آج جب میں پڑھانے گیا تو کل کی طرح پھر کہنے لگی "مجھے زکام کی شکایت ہے۔" میں نے کہا آپ کی بھی عجیب صحت ہے۔ آپ ڈاکٹر لوگ جب پرہیز نہیں کریں گے تو اور کون کرے گا۔ مجھے دیکھئے اپنی صحت کا خیال رکھتا ہوں۔ کبھی کوئی تکلیف نہیں ہونے پاتی۔

شیام سندر　: خوب بدلہ لیا۔

(اظہر کمرے میں داخل ہوتا ہے۔ درمیانہ قد۔ دہرے بدن کا جوان ہے۔ نیلا سوٹ پہن رکھا ہے۔ ہاتھ میں ایک تار ہے۔)

اظہر　: ہیلو شیام! ہیلو تپ دق!

شیام سندر　: ہیلو اظہر! یہ تار کیسا ہے؟

اظہر　: امجد نے بھیجا ہے۔ لکھا ہے کہ بی ٹی کی ڈگری مل گئی ہے اور اب وہ الہ آباد جا رہا ہے۔ جہاں میونسپل سکول میں اسے پینتیس روپئے کی آسامی مل گئی ہے۔

شیام سندر　: مگر ایم اے، بی ٹی اور صرف پینتیس۔

اظہر　: میں اسے مبارک باد کا خط لکھ رہا ہوں۔ اس دور مہاجنی میں تم اور کر بھی کیا سکتے ہو۔

بھیالال : کل مجھے کیلاش ناتھ ملا تھا۔ وہ جو بی اے میں ہمارے ساتھ پڑھا کرتا تھا اور فیل ہو گیا تھا۔ اب اپنے باپ کے کارخانہ میں منیجر ہو گیا ہے اپنی کار میں بیٹھا ہوا تھا۔ میری طرف ترحم آمیز نگاہوں سے دیکھ کر کہنے لگا "آج کل کیا کرتے ہو؟۔۔۔ اور یہ وہی شخص ہے جو انگریزی کا جواب مضمون مجھ سے خوشامدیں کر کے ٹھیک کرایا کرتا تھا۔"

شیام سندر　: (اداس لہجے میں) جانے دو ان باتوں کو۔ مجھے مسعود کا فکر ہو رہا ہے۔

تم جانتے ہو۔ بچارہ دو مہینے سے میرے پاس رہتا ہے۔ مگر ابھی تک نوکری کہیں نہیں ملی۔ کل سے واپس نہیں آیا۔

اظہر :واپس گاؤں کو چلا گیا ہو گا۔

شیام سندر :(رکتے ہوئے) شاید! مگر اس کا ٹرنک اور بستر یہی ہیں۔

بھیالال : کوئی ضروری کام ہو گا (زیادہ حوصلہ افزا لہجہ میں) شاید کوئی نوکری مل گئی ہو گی اور آج تمہیں پتہ دینے کے لئے آجائے۔

شیام سندر :(رکتے ہوئے) شاید۔

اظہر :(سر ہلاتے ہوئے) کتنی بے کاری ہے اور کتنی جہالت ہے؟ کل میں موتی لال میں پروفیسر روچانند کا لیکچر سننے گیا۔ فاضل مقرر جو ایک روئی کے کارخانہ میں تین سو حصوں کا مالک نہایت پر جوش لہجہ میں گریجوٹیوں کی کم عقلی کا ماتم کر رہا ہوں کہ موجودہ بے کاری اقتصادی نہیں بلکہ تعلیم یافتہ طبقہ کی آرام پسندی کا نتیجہ ہے۔ چنانچہ اس نے چند نہایت درد مندانہ تجاویز سامعین کے سامنے پیش کیں۔ مثلاً یہ کہ گریجویٹ چھوٹے موٹے کاروبار کو اپنے ہاتھوں میں لیں۔ بوٹ پالش کرنا، ایک تھوک فروش سے جوتے ادھار لے کر گلیوں میں چکر لگا کر انہیں بیچنا، گھی کی دوکان کھولنا، مونگ پھلی کی تجارت۔

--

شیام سندر :(تلخ لہجہ میں) چنا جور گرم۔

بھیالال :بے کاری دور کرنے کے ایسے کئی گر مجھے یاد ہیں۔

اظہر :مثلاً۔

بھیالال :(واسکٹ کی جیب میں ہاتھ ڈالتے ہوئے) مثلاً تم اور شیام سندر انگریزی میں اچھا لکھ سکتے ہو۔ اخبار نکال لو۔

اظہر، شیام سندر :مگر روپیہ!

بھیالال :اچھا کچھ اور سہی۔ ایک عمدہ ہوٹل کھول لو۔ نفیس کمرے، عمدہ کھانے، تھوڑا کرایہ، واجبی نرخ۔

شیام، اظہر : مگر روپیہ۔۔۔؟

بھیالال :(ہنس کر اور واسکٹ کی جیب سے ہاتھ نکالتے ہوئے) اچھا یہ بھی سہی، لو اب میں تمہیں وہ گر بتاتا ہوں جو کبھی خطا نہیں ہو سکتا۔

شیام سندر :وہ کیا ہے؟

بھیالال :عورت۔

شیام سندر :عورت؟

بھیالال :ہاں۔ ہاں، عورت۔ ایک عورت کا انتخاب کر لو جو نہایت جاہل ہو۔ ایک نہایت مالدار آدمی کی اکلوتی بیٹی ہو۔

شیام سندر :پھر؟

بھیالال :پھر اس سے شادی کر لو۔

اظہر : بھئی کیا خوب۔ تم تو تواریخ جاننے کے علاوہ عقل مند بھی ہو۔

شیام سندر :(دونوں آنکھیں میچ کر) ہوں۔۔۔ ہوں۔

اظہر، بھیالال :"ہوں۔ ہوں" کا کیا مطلب؟

شیام سندر :(آنکھیں بند کئے ہوئے) ایک ایسی عورت بالکل میری نگاہ میں ہے۔

بھیالال :(گہری دلچسپی سے) کیا وہ ایک مالدار آدمی کی لڑکی ہے؟

شیام سندر :(سر ہلاتا ہے) ہاں تو۔۔۔

بھیالال :اور۔۔۔ اور۔۔۔ اکلوتی لڑکی۔

شیام سندر :ہاں اکلوتی بیٹی۔ بالکل اکلوتی۔

بھیالال :ارے یار بتاؤ۔ اس کی شکل کیسی ہے؟ خوبصورت ہو گی؟

شیام سندر   : وہ نہایت خوبصورت ہے، حسین جیسے چاند کی کرن، نازک جیسے کنول کی پتی، حیا پرور جیسے لاجونتی کی ڈالی۔ بس کائی سی صورت ہے۔ میں اس سے محبت کرتا ہوں اور وہ مجھ سے محبت کرتی ہے اور اس کا مالدار باپ اپنی ساری دولت مجھے جہیز میں دے دینا چاہتا ہے۔

بھیالال : (بہت دلچسپی اور رشک و حسد کے ساتھ) ارے بتاؤ وہ کون ہے؟ کہاں رہتی ہے؟ اس کا نام کیا ہے؟

شیام سندر   : (یکایک آنکھیں کھول کر) اوہ وہ کدھر چلی گئی۔ وہ کون تھی؟ اس کا نام کیا تھا؟

(شیام سندر، اظہر، بھیالال تینوں یکایک قہقہہ لگا کر ہنستے ہیں اور ایک دو منٹ تک ہنستے رہتے ہیں۔)

(ایک ب اور دی پولیس کا سپاہی آتا ہے۔)

سپاہی   : آپ میں شیام سندر کون ہے؟

(شیام سندر اٹھ کر کھڑا ہو جاتا ہے۔)

سپاہی   : (ایک لفافہ آگے بڑھاتے ہوئے) سول ہسپتال میں چل کر ایک لاش کی شناخت کر لیجئے۔ وہ ریل گاڑی کے نیچے آ کر مر گیا ہے۔ اس کی جیب سے آپ کا پتہ نکلا ہے۔

شیام سندر   : مسعود۔۔۔ آہ۔

(اپنے ہاتھوں سے منہ چھپا کر کہتا ہے۔)

(پردہ گرتا ہے)

* * *

نقل مکانی

راجندر سنگھ بیدی

کردار

نفیس: ایک معمولی آدمی جو محکمۂ نہر میں ملازم ہے۔

عذرا: نفیس کی قبول صورت بیوی۔۔۔ گانے کا شوق رکھتی ہے

مراتب: کاٹھ بازار کا پنواڑی

سیاں: ایک آوارہ اور ذہین طالب علم جس کا اصل نام امجد حسین ہے

بنواری لال: محلہ دار۔

مرزا شوکت: محلہ دار۔

سب انسپکٹر مائکل

دو سپاہی

شیو برت: ایک عیاش رئیس

پہلا منظر

(محلہ کاٹھ بازار کا ایک مکان، نفیس اور اس کی بیوی عذرا اس مکان میں نئے آئے ہیں۔ ابھی ان کا سامان ادھر ادھر پڑا ہے جسے دونوں میاں بیوی قرینے سے دھرنے میں

مصروف ہیں۔)

عذرا :(آرام کے لیے رکتے ہوئے) توبہ کتنی خاک چھانی اور جو ملنے کو آیا مکان تو کیسے جھٹ سے مل گیا۔

نفیس :(چارپائی پر بیٹھ کر اپنا نیا جوتا اتار دیتا ہے اور اپنے پاؤں سہلاتا ہے) ہاں اسی بات پر تو میں حیران ہو رہا ہوں۔ دراصل مجھے ابھی تک یقین نہیں آرہا ہے کہ میں کسی اور مکان میں بیٹھا ہوا ہوں۔۔۔ پاؤں ابھی تک دکھ رہے ہیں۔ ایک سارے دن کی دوڑ دھوپ، دوسرے نیا جوتا۔۔۔ (پلٹ کر) عذرا تھوڑا پانی تو گرم کر دو بھائی۔

عذرا :معلوم ہوتا ہے حمام کا پیندا، اس ادلا بدلی میں ٹوٹ گیا ہے۔ لیکن پانی گرم ہو جائے گا۔

نفیس :جب بوجھے کو سر پر سے پھینک دیا جاتا ہے تو کتنی دیر یوں معلوم ہوتا ہے جانے کوئی اوپر کی طرف اٹھ رہا ہے۔ اتنی تھکن اور تکلیف کے ہوتے ہوئے بھی ایک طرح کے سبک اپنے۔۔۔

عذرا :چشم بد دور۔ بس ان ہی دو کمروں کی ضرورت تھی اور اتنا ہی کرایہ دینے کی توفیق۔ مہنگائی کے ان دنوں میں سولہ روپیہ بھی بھلا کوئی کرایہ ہے؟

(پھر کام میں مشغول ہو جاتے ہیں۔)

نفیس :اندازہ کرو، وہ حویلی بکائن والے ان کمروں کے پچاس روپیہ بتاتے تھے۔ شاید انھیں سمجھنے والا نہیں کوئی۔ میں نے تو کہہ دیا تھا کہ تنخواہ قرق کر لیا کرو صاحب۔ سوچو اتنے کمروں کی ہمیں ضرورت بھی کیا تھی؟

عذرا :اور جو نئی آبادی میں کمرے دیکھے تھے، یاد ہیں؟ سیل کتنی دور چھت کی طرف لپک رہی تھی اور پڑوس کی جرانی بضد تھی کہ ہم اوپلے دیوار پر ہی تھاپیں گے۔۔۔ لے

بھئی تو اب تھاپلے او پلے جی بھر کر (رک کر) لیکن اگر میں وہاں رہ جاتی تو اسے بتا دیتی ایک بار۔

نفیس : ہاں وہ تو تمہاری بات ہی ہے۔

عذرا : اور وہ کوڑا کرکٹ جلانے والی چمنی بھولی گئے۔۔۔ اف۔۔۔ اوف۔۔۔ کتنی بو آتی تھی۔۔۔

(ناک پر دوپٹہ رکھ لیتی ہے۔)

نفیس : اس پنواڑی نے کس آرام سے چابیاں تھما دیں میرے ہاتھ میں (ایک دم رک کر) مجھے تو کچھ دال میں کالا نظر آتا ہے۔

عذرا : اور کہہ رہا تھا مہینے بھر سے خالی پڑا ہے۔ مکان۔ کوئی گاہک نہیں لگا ہو گا۔ اس مہینہ بھر میں بھلا؟

نفیس : خدا جانے کیا معاملہ ہے؟ یہ دیواریں کچھ خراب ہیں لیکن۔۔۔

(دیوار کو چھوتا ہے۔)

عذرا : کہاں خراب ہیں دیواریں؟۔۔۔ بس ذرا سا شک پڑا دیواریں خراب نظر آنے لگیں۔ چھت بھی گرتی ہوئی دکھائی دینے لگی۔ کواڑ بھی پرانے ہیں۔ تم کہنے لگو گے بالکل ٹوٹے ہوئے ہیں۔۔۔ (پڑھا کے اوپر اور نیچے سیاہ نشان دیکھتے ہوئے) شاید شمع دان بنا رکھا تھا ہم سے پہلے ادھر رہنے والوں نے۔۔۔ میں کہتی ہوں یہاں بجلی نہیں ہے؟

نفیس : ہے تو لیکن وہ لوگ شاید استعمال نہ کرتے ہوں۔

عذرا : (ہنس کر) شاید اندھیرا پسند کرتے ہوں۔

نفیس : تمہیں اندھیرے کے معجزوں کا کیا پتہ۔ جب اندھیرا ہوتا ہے تو بہت سی خدائی کا ایک طرح سے دن شروع ہوتا ہے۔ (میز کو کونے کی طرف سرکاتے ہوئے، کونے میں

پڑے ہوئے گھنگھرو نفیس کے ساتھ ٹکراتے ہیں)۔۔۔ ارے یہ کہاں سے آئے۔

عذرا : (میز رکھ کر) دکھاؤ۔

نفیس : ہم سے پہلے رہنے والے انھیں یہیں بھول گئے۔

عذرا : ان میں سے کوئی ناچتا ہو گا۔

نفیس : تمہارے لیے چھوڑ گئے معلوم ہوتے ہیں لیکن انھیں کیا معلوم کہ نئے آنے والوں میں بھی کافی گانے کا شوق رکھتی ہے اور گاہے ماہے۔

عذرا : گاہے ماہے کیا؟

نفیس : تھرک بھی جاتی ہے۔

عذرا : اوہو، جانتے ہی نہ ہوں بھلا۔

نفیس : ذرا پاؤں میں باندھو اور۔۔۔

عذرا : ہونہہ اسباب جوں کا توں بکھرا ہوا ہے اور آپ کو اپنی پڑی ہے۔ میں سوچتی ہوں اس شمع دان میں سرسوں کا تیل جلانے والے اتنے باذاق تھے؟

نفیس : تو کیا خوش مذاقی کا امیر لوگوں نے اجارہ لے رکھا ہے۔ (عذرا کے سامنے میز پر بیٹھ جاتا ہے) اپنی طرف دیکھو تم۔۔۔

عذرا : (شرما کر) چلو ہٹو۔

نفیس : بات یہ ہے کہ تم بھی عام آدمیوں کی طرح باہر کی ٹیپ ٹاپ دیکھتی ہو میں اگر اچھی شکل والا ہوتا اور اچھے کپڑے پہنے ہوئے ہوتا تو شاید مکان کے لیے مجھے اتنا پریشان نہ ہونا پڑتا۔ جس کے سامنے جا کر مکان کے لیے سوالی ہوا اس نے پہلے مجھے سر سے پاؤں تک ناپا اور پھر جھٹ سے کہہ دیا کون زمانے کی بات کرتے ہو میاں، راستہ پکڑو۔۔۔ گویا میں اٹھائی گیرا ہوتا ہوں۔ (غصے کے ساتھ میز پر سے اٹھ کھڑا ہوتا ہے۔) بعض دفعہ جی

چاہتا ہے اٹھائی گیرا ہی تو ہو جائے آدمی۔۔۔ (عذرا کی طرف دیکھتا ہے تو غصہ اتر جاتا ہے۔
) دور کیوں جاؤں میں اپنی عذرا کے لیے وامق نہ ہوا۔۔۔

عذرا : یہ وامق کون احمق تھا؟۔۔۔ اور پھر اس بات کا تقاضا کرنا بھی تو سنک ہے کہ کوئی آدمی کو اندر سے دیکھے اور باہر سے نہ دیکھے۔ تمہارا کیا خیال ہے۔ روح جسم کو خوبصورت یا بدصورت نہیں بناتی؟

نفیس : یہ الگ بحث ہے عذرا۔۔۔ لاؤ ذرا ہتھوڑی پکڑانا، کھڑکی پر کیل گاڑ دوں۔ (کھڑکی کی طرف بڑھتے ہوئے) میں یہ کہنا چاہتا ہوں کہ اگر تم کسی کی شکل دیکھ کر اس کی طینت کے متعلق شک کرو تو اس شخص کی بددیانتی پر افسوس نہیں کر سکتیں۔۔۔

عذرا : دیکھو، دیکھو، دیکھو۔۔۔ یہ باہر جو کھڑکی کھلتی ہے، پان کی پیک سے بھری ہوئی ہے۔ ادھر ہاتھ مت بڑھانا۔ میں کہتی ہوں۔۔۔ یہ پان کی پیک، یہ شمع دان۔۔۔ میرا ماتھا ٹھنکتا ہے۔ ذرا بلانا تو پٹواری کو۔

نفیس : مراتب کو؟۔۔۔ میں بلاتا ہوں۔ تو بھی دیا جلا دے شام ہو رہی ہے۔

عذرا : دیا تو نہیں ہے لیکن اس کٹوری سے دینے کا کام چل جائے گا۔

نفیس : ہاں، ہاں اس کٹوری کو شمع دان پر رکھ دو۔

عذرا : میں تو نہ رکھوں شمع دان پر کٹوری۔۔۔ تم مراتب کو بلاؤ۔ یا تو اس جگہ چھوت کی بیماری کا کوئی مریض رہا ہے اور یا۔۔۔ یا۔۔۔

نفیس : ورنہ آج کل جنگ کے دنوں میں اتنی دیر مکان خالی رہنے کے کیا معنی؟۔۔۔ (دروازے سے باہر جھانک کر) مراتب۔۔۔ میاں مراتب۔۔۔ ذرا ادھر آنا بھائی۔

پنواڑی : آیا صحیب۔

نفیس : (عذرا سے) جانے کیا ماجرا ہے؟۔۔۔ چھوت کی بیماری کے علاوہ کیا اندازہ لگانے

لگی تھیں تم؟

عذرا :اس مکان میں کوئی پیر رہتا ہوتا اور یہاں رہنے والے اس کا دیا جلاتے ہونگے اور جہاں تک میرا خیال ہے ہفتہ میں ایک دو دن ضرور پیر کا دیا جلانا پڑتا ہو گا، نہیں تو بجلی والے اس مکان میں سرسوں کا تیل جلانا کیا مطلب رکھتا ہے؟

نفیس :اب تمہیں بھی اس مکان میں نقص نظر آنے لگے۔۔۔ ایک برس ہوا ہمیں مکان کی تلاش کرتے ہوئے تب کہیں جا کر یہ دو اچھے کمرے ملے ہیں۔

عذرا :میں خود اسے پسند کرتی ہوں لیکن۔

نفیس :میں لیکن ویکن کچھ نہیں جانتا۔ مجھ سے اب مکان تبدیل نہ ہو گا یہ سمجھ رکھو۔۔۔ چھوت کا مریض رہا ہو گا تو فرش فنائل سے دھولیں گے۔ سفیدی کروالیں گے۔ دیواریں کھدوا کر نیا پلسٹر کروالیں گے۔۔۔ پیر ہوا تو سرسوں کا دیا جلالیں گے۔

(دروازے میں مراتب نظر آتا ہے۔)

مراتب :حکم سرکار؟

نفیس :بڑے میاں، ہمیں ایک بات پوچھنا ہے۔

عذرا :(ڈرتے ہوئے) ہاں بڑے میاں ٹھیک بتادو۔ تم نہیں بتاؤ گے تو ایک دن ہمیں اپنے آپ پتہ چل جائے گا۔ کیا یہاں کوئی بیمار رہا ہے؟ یا کوئی پیر ہے جس کا دیا جلانا پڑتا ہے؟ یا اور کوئی بات ہے۔ دیکھو جھوٹ مت بولنا آخر تم بھی بال بچوں بچے دار ہو۔

پنواڑی :دیکھیے سرکار جھوٹ بولنا اپنا اپنا اصول نہیں ہے اور پھر یہ مکان کون میرا اپنا ہے جس کی خاطر ایمان گروی رکھوں۔۔۔ آپ سے پہلے یہاں شادو رہتی تھی۔

نفیس :شادو رہتی تھی، کون شادو؟

پنواڑی :شادو۔ شمشاد بائی۔ (عجیب سی ہنسی ہنستا ہے) آپ اسے نہیں جانتے؟ واہ اس شہر

میں کون بابو لوگ ہے جو شادو کو نہیں جانتا؟

نفیس : (کچھ برہم ہو کر اپنے ہاتھ کوٹ کی جیبوں میں ٹھونس لیتا ہے۔) میں جھوٹ تھوڑے ہی کہہ رہا ہوں بڑے میاں۔ ہمیں تمہاری شادو سے کبھی واسطہ نہیں پڑا۔

پنواڑی : اجی بابو صاحب۔ شادو کے قصے اخباروں میں چھپ گئے۔ اس کے نام کے اشتہار بازاروں میں لگ گئے اور آپ کہتے ہیں پتہ ہی نہیں۔۔۔ نہیں نہیں آپ دراصل مجھے بنا رہے ہیں۔۔۔ ہیں نا؟ شادو یہاں "جس طرح مجھ کو لگی ہے میرے اللہ کسو کی" گایا کرتی تھی اور بڑے بڑے لوگ اس کا مجرا کرواتے تھے وہ بڑی امیر تھی لیکن تھی بڑی کنجوس۔ ۔۔ آخر اسے سمجھ آگئی کہ بنا چوک میں جائے دھندہ نہیں ہوگا۔

عذرا : تو شمشاد بائی کوئی طوائف تھی؟۔۔۔

پنواڑی : جی ہاں طوائف ہی تو تھی۔۔۔ اس کے مقدمے کی بابت بھی آپ نے کچھ نہ پڑھا۔ وہ دراصل بہت بڑی رنڈی تھی جو "میرے اللہ کسو کی" گایا کرتی تھی۔۔۔ شادو! کاٹھ بازار کے بیچ میں سرکار نے بھی پسند نہ کیا اور اسے نوٹس دیا۔ پولیس بھی آئی لیکن شادو کو کوئی ہلا نہ سکا۔ پھر وہ اپنی مرضی سے چلی گئی۔۔۔

نفیس : تم نے پہلے اس بات کا ذکر نہیں کیا۔

پنواڑی : مجھے اس بات کا خیال ہی نہ آیا اور میرا خیال تھا آپ جانتے ہوں گے۔ دراصل آپ نے اتنی جلدی کی۔ چار بجے شام آپ نے چابیاں لیں اور چھ بجے یہاں آ دھمکے۔ اب کیا بگڑ گیا ہے مکان پر آپ کی مہر تو لگ ہی نہیں گئی۔

عذرا : لیکن اب ہم کہاں جائیں، جو مکان ہم نے خالی کیا اس کے بیسیوں گاہک تھے، ادھر ہم نے سامان نکالا ادھر انھوں نے رکھ لیا۔

نفیس : یہ بات چابیاں دیتے ہی بتا دیتی تھی مراتب صاحب۔

پنواڑی : میں تو سمجھتا تھا آپ اس قصے کو جانتے ہوں گے۔

نفیس : (چمک کر) پھر وہی بات۔ کیا ہمیں بھی ایرے غیرے سمجھتے ہو؟ جو یہ جانتے ہوئے بھی چلے آئیں۔۔۔ جاؤ کتھا چونا لگاؤ اور شادو کے گیت گاؤ۔۔۔ معلوم ہوتا ہے تمہیں بھی شریف اور بدمعاش میں کوئی فرق نظر نہیں آتا۔

پنواڑی : دیکھئے ذرا سنبھل کر بات کیجئے۔ کسی کے ماتھے پر شریف تھوڑی ہی لکھا ہوتا ہے میں نے جانا جیسے دوسری دنیا ہے ویسے ہی آپ ہوں گے۔

عذرا : اب زیادہ باتیں بنانے کی ضرورت نہیں بڑے میاں۔

پنواڑی : میں نے کوئی بری بات نہیں کہی سرکار۔ دوسرے لوگ کہیں جیب کترے نہیں ہیں۔ آپ کی مرضی ہے آپ رہیں، نہیں مرضی نہ رہیں۔۔۔ چابیاں میرے والے کر دیں، اور نیا مکان تلاش کر لیں۔ میں جاتا ہوں۔ شام ہی کا وقت تو ہوتا ہے۔ کمانے کا۔۔۔ (جاتا ہے۔)

عذرا : (مایوسی سے) اب کیا کریں۔

نفیس : (سرد آہ بھر کر) چلو یہ طلسم بھی ٹوٹ گیا۔ مجھے یقین ہو چلا تھا کہ تمام دنیا ایک سی نہیں ہے۔ کم سے کم ایک ایسا آدمی ہے جس نے ہماری شرافت کی قدر کی ہے۔۔۔ (کھڑکی کی طرف جاتا ہے۔) پان کی پیک سے بھری ہوئی یہ کھڑکی بتا رہی ہے کہ شادو اس پنواڑی کی آمدنی کا ذریعہ تھی اور اس کے چلے جانے کا مراتب کو افسوس ہے۔۔۔ (سوچتا ہے۔) عذرا ان گھنگھروؤں کو وہاں رکھ دو اور آؤ بیٹھ جاؤ۔

عذرا : (ادھر ادھر دیکھ کر) خدا جانے یہاں کیا کچھ ہوتا رہا ہے!

(سہم کر نفیس کی بغل میں بیٹھ جاتی ہے۔)

نفیس : جانے کون کون جاگیریں اجڑتی رہی ہوں گی اور کن کن کے سہاگ کا مذاق اڑایا

گیا ہو گا۔

عذرا : بھانت بھانت کے آدمی آتے ہوں گے یہاں۔۔۔

نفیس : یونہی تھوڑے ہمارا سنگ اسود کالا اور کثیف ہوتا جا رہا ہے۔ لیکن دیکھو عذرا اب جو کچھ ہونا تھا ہو چکا۔ طوائفوں کی بستی جب شہر کے بڑھنے سے باہر چلی جاتی ہے تو ان کی جگہ تمہاری ایسی گرہستنیں ہی تو رہتی ہیں۔

عذرا : (سمٹ کر) یہ تو ٹھیک ہے۔ لیکن مجھے ڈرا سا آتا ہے جیسے میرا دل کسی بات کو مان نہیں رہا۔

نفیس : مجھے تو اس بوڑھے کی بے وقوفی پر ہنسی آتی ہے۔ (ہنس کر) "تم شادو کو نہیں جانتے؟ لیکن عذرا جب تک اپنا دل صاف ہے ہمیں کسی سے نہیں ڈرنا چاہئے دوسروں کے گناہوں کا حساب ہمیں تھوڑا دینا ہے۔۔۔ میں بستر کھولتا ہوں تم دیا سلائی سے بتی ذرا اوپر کر دو۔۔۔

عذرا : یاد آیا تم نے گرم پانی کے لیے کہا تھا۔ شاید ٹوکری میں کوئلے ہوں۔۔۔ مجھے یہ سارا گھر جائے پیاری کے کیڑوں سے پٹا ہوا معلوم ہوتا ہے۔۔۔ میں کیا کروں میرا دل یونہی کانپ رہا ہے۔

نفیس : عذرا۔۔۔ میری جان! اب ایک نیا مکان تلاش کرنا خالہ جی کا باڑہ تو ہے نہیں۔ یہاں سب طرح کی صفائی ہو جائے گی۔۔۔ فنائل سفیدی۔ سب ٹھیک ہو جائے گا اور پھر جس جگہ پر بیٹھ کر اللہ کا نام لیں گے وہ جگہ پاک اور صاف ہو جائیں گی۔ میرا مطلب ہے۔

۔۔

(دروازے پر دستک سنائی دیتی ہے۔)

عذرا : یہ کون ہوا بھلا؟

نفیس :خدا جانے کون ہے۔ اور اسے ہمارے یہاں ہونے کا کیسے پتہ چل گیا؟

عذرا :ذرا دیکھو تو۔۔۔ کہیں تمہارا بھانجا ہی نہ ہو۔ میں نے کہا تھا ادھر ہم نئے ہیں، ذرا خبر لیتے رہنا اور تمہاری بھانجی کی شادی طے ہو گئی ہو گی۔۔۔ نصیرہ کی۔۔۔ دیکھو تو۔۔۔

(نفیس جاتا ہے اور دروازہ کھولتا ہے۔)

نفیس :آیئے صاحب۔

سیاں :السلام علیکم۔

نفیس :وعلیکم السلام۔۔۔ کہئے کیسے تشریف لائے، آپ کا نام۔

(عذرا اندر چلی جاتی ہے۔)

سیاں :میرا نام؟۔۔۔ میرا اصلی نام امجد حسین ہے۔ میں یہاں طالب علم ہوں۔۔۔ یہاں کا مطلب یہ مکان نہیں میری مراد اس شہر سے ہے۔۔۔ لیکن مجھے سب سیاں کے نام سے پکارتے ہیں۔

نفیس :کہیں آپ اس مکان کے مالک تو نہیں۔

سیاں :نعوذ باللہ۔۔۔ نہیں!۔۔۔ لیکن ایک طرح سے مالک ہی سمجھئے۔

نفیس :معاف کیجئے میں آپ کی بات نہیں سمجھ سکا۔۔۔ اور نہ آپ کے اس وقت تشریف لانے کا مدعا جان سکا ہوں۔

سیاں :دیکھئے ایک وقت میں ایک ہی سوال کیجئے تا کہ نہ آپ کو سوال کرتے ہوئے الجھن ہو اور نہ مجھے جواب دیتے ہوئے کوفت محسوس ہو۔ یہی تو ظلم ہوتا ہے میرے ساتھ کہ ایک سانس میں لوگ مجھ پر بیسیوں سوال کر جاتے ہیں۔ کالج میں، گھر میں، بازار میں ہر جگہ یہی ظلم ہوتا ہے۔۔۔ تو پہلے آپ میرا نام پوچھ رہے تھے۔

(آگے جانے کی کوشش کرتا ہے لیکن نفیس اسے اشارے سے وہیں چارپائی پر

بٹھا دیتا ہے۔)

نفیس :جی ہاں، نام پوچھ رہا تھا۔۔۔ اگر آپ کو زحمت نہ ہو۔

سیاں :میں نے عرض کیا نا، میرا اصل نام امجد حسین ہے۔

نفیس :نہیں صاحب اس سے پہلے نام کے بارے میں قطعاً کوئی بات نہیں ہوئی۔

سیاں :(پر شکوک انداز میں) کوئی بات نہیں ہوئی۔۔۔ مگر اس کا مطلب کیا ہے؟ آج نام کیوں پوچھا جا رہا ہے؟۔۔۔ خیر میرا نام امجد حسین ہے لیکن مجھے سب سیاں کے نام سے پکارتے ہیں۔

نفیس :آپ کی ماں بھی آپ کو سیاں کے نام سے پکارتی ہوگی۔

سیاں :جی ہاں (کچھ سمجھتے ہوئے) لیکن۔۔۔ لیکن۔۔۔ سو آپ سے درویش صورت انسان بھی یہاں۔۔۔ سچ ہے بابا سب سچ ہے۔۔۔

(اٹھ کر اندر جانے کی کوشش کرتا ہے۔)

نفیس :آپ کو غلط فہمی ہوئی ہے۔۔۔ دیکھئے آپ زبردستی اندر جا رہے ہیں۔ آپ پیئے ہوئے ہیں۔

سیاں :ش ش خاموش۔ میں سیاں ہی تو ہوں، جاؤ اندر جا کر شادو کو اطلاع کر دو۔

نفیس :دیکھئے سیاں صاحب، اب آپ کی شادو یہاں نہیں رہی۔ یہ شریف آدمیوں کے رہنے کی جگہ ہے۔

سیاں :شکل سے تو آپ شریف ہی نظر آتے ہیں اللہ اجی میں ہر روز تھوڑے ہی ادھر آتا ہوں۔ جب ڈپٹی صاحب منی آرڈر بھیجتے ہیں اور امتحان کے دن نزدیک آتے ہیں۔۔۔ اوہ ڈپٹی صاحب کے نام سے ڈر گئے۔ ارے بھئے کو توال اب ڈر کا ہے کا تم یہ بازو راستے سے ہٹا دو۔

نفیس : دیکھو، دیکھو، صاحبزادے تم کیا کیا کر رہے ہو۔؟

(پکڑ کر چارپائی پر بٹھا دیتا ہے۔)

سیاں : سو تم ویر کا کے رئیس ہو، تمہی نے شادو کو گھر میں ڈالنے کی کوشش کی ہے۔ لیکن ناکام رہے۔ تم نے اسی گھر کو اپنا گھر بنانا اچھا سمجھا۔ میں سمجھ گیا۔ میں سب کچھ سمجھ گیا۔

نفیس : دیکھو، زیادہ باتیں مت بناؤ کہے دیتا ہوں، فوراً یہاں سے نکل جاؤ۔ ورنہ میں شور مچاؤں گا۔

سیاں : شور مچاؤ گے اور لوگوں کا اکٹھا کرو گے ؟اسی بات سے تمہاری شرافت کا پتہ چلتا ہے۔ کیا تم خود بدنام نہ ہو گے۔ لوگ آٹھ مجھے کہیں گے اور دس تمہیں سنائیں گے۔ لوگوں کو سچ اور جھوٹ کی طرف ہٹ جانے کا ملکہ ہے۔ ارے کبھی شریف لوگ بھی شور مچاتے ہیں، وہ ہر قسم کی ذلت چپکے سے برداشت کر لیتے ہیں کیونکہ وہ شریف ہیں۔۔۔ (ایک ہچکی آتی ہے نفیس کچھ کہنے کی کوشش کرتا ہے لیکن سیاں اسے روک لیتا ہے۔)۔۔ ۔ میرے باپ کی کچہری میں روز عزت کے لیے مقدمے لڑے جاتے ہیں اور عزت چاہنے والوں کی خوب بے عزتی ہوتی ہے ان کی ماں اور بہن کے متعلق وہ کچھ کہا جاتا ہے کہ سن کر کانوں کے پردے پھٹ جاتے ہیں، اسی لیے شریف آدمی اپنی بیٹی کی بے حرمتی دیکھ کر عدالت کا دروازہ نہیں کھٹکھٹاتے۔

نفیس : میاں صاحبزادے یہ سب درست ہے اسی لیے میں تمہیں منت سے ٹل جانے کے لیے کہتا ہوں۔ ورنہ مجھے شور مچانے کی ضرورت بھی نہ پڑے۔

(سیاں کو دھکیلتا ہے۔)

سیاں : دیکھو مجھے دھکیلو مت، باتیں کرنے سے تمہیں کوئی نقصان نہیں پہنچ سکتا (قدرے بلند آواز میں) شادو، مجھ سے یہ بدسلوکی دیکھ کر تم چپ بیٹھی ہو (اندر دیکھتے

ہوئے)تم اتنی دبلی کیوں ہو شاید میری آنکھوں کا قصور ہے (لرزتی ہوئی آواز میں) مجھے کچھ بھی دکھائی نہیں دیتا۔۔۔ کتابیں لکھنے والوں نے ایک ہی چیز کے بارے میں متضاد باتیں لکھ کر میرے دماغ کو الجھاؤ میں ڈال دیا ہے۔۔۔ میری آنکھوں میں نقص ہے۔ (ڈر جاتا ہے۔)وہی چیز جسے میں دیکھنا چاہتا ہوں نظر نہیں آتی۔۔۔ اردگرد کی سب چیزیں دکھائی دیتی ہیں لیکن وہ چیز جس پر میں نگاہ ڈالتا ہوں، درمیان سے غائب ہو جاتی ہے۔۔۔ کیااس سے بڑی بیماری بھی ہے کہ تم جو چاہو تمہیں دکھائی نہ دے اور جو نہ چاہو نظر آتا رہے۔ دیکھو تم پھر دھکیلنے لگے۔ باتیں سننے میں کیا حرج ہے بھائی؟ شادو! تمہیں ویرکا کے اس رئیس نے گھر ڈال لیا ہے (کیا یہ سچ ہے کہ خبیث تمہیں باہر کی روشنی نہیں دکھاتا اور اسی لیے تم اتنی مریل ہو گئی ہو۔ لیکن تمہارا رنگ اور بھی کھل گیا ہے۔۔۔ نہیں مجھے کچھ بھی نظر نہیں آرہا ہے۔۔۔ تمہیں ویرکا کے اس رئیس نے نہیں تمہیں اس بڑے ویرکا کے رئیس نے مجھ سے چھین لیا ہے۔۔۔ خدا نے بے رحم خدا نے۔۔۔

(رونے لگتا ہے۔)

نفیس : خدا جانے میں تمہاری باتیں کیوں سنتا جا رہا ہوں؟ شکل سے شریف خاندان کے لڑکے نظر آتے ہو شاید اس لیے لیکن تم ہو کہ برابر شور مچائے چلے جا رہے۔ لوگ سن کر کیا کہیں گے؟

سیاں : لوگ؟ لوگ کیا کہیں گے۔۔۔ دیکھو مجھے گھورو مت ہر جگہ مجھے یہی "لوگ" گھورتے نظر آتے ہیں۔ ان "لوگوں" نے ہمیں کہیں کا نہیں رکھا۔ انھوں نے میرے ایک دوست کو پاگل کر دیا ہے۔ ذہین تھا۔ بلا کا ذہین۔۔۔ اسے "لوگوں" نے بتایا کہ عورت کا ننگا جسم ایک ناپاک شئے ہوتی ہے اسے مت دیکھو۔ اپنی آنکھیں بند کر لو خوبصورت چیز کو دیکھنے کی خواہش کو دبا دو، کچل دو۔۔۔ انھوں نے کہا پھول کو کپڑے پہنا

دو، یہ آرٹ۔۔۔ میرے دوست نے پانی میں چند کلیوں کو نہاتے دیکھا، اس نے اپنی آنکھیں بند کر لیں۔ ایک درخت کی آڑ میں کھڑے ہو کر اس نے پھر ان کلیوں کو شیتل شبنم میں نہاتے دیکھا، پھر آنکھیں بند کر لیں، دیکھا آنکھیں بند کر لیں۔۔۔ خواہش نے آنکھیں کھولیں، لوگوں نے بند کیں۔۔۔ کھولیں بند کیں، کھولیں بند کیں۔۔۔ اور آج اس کی آنکھیں پل میں سو بار کھلتی اور بند ہوتی ہیں۔۔۔ وہ ان کا کوئی علاج نہیں کر سکا۔۔۔ (آناً فاناً) شادو مجھے اس شہدے سے بچاؤ۔۔۔ مجھے تمہارے پاس نہیں آنے دے رہا ہے۔ پھر تم نہیں گاؤ گی؟

سیاں توری گودی میں گیندا بن جاؤں گی

(نفیس سیاں کو اٹھانے کی کوشش کرتا ہے لیکن سیاں برابر اپنی بات کہے جا رہا ہے۔)

سیاں :امتحان سے ڈر کر آج میں نے بے انداز پی (لبوں پر زبان پھیرتے ہوئے) شراب میرا کلیجہ چٹ کر رہی ہے۔ میرے ہاتھ پاؤں کانپ رہے ہیں۔ مجھے بھوک لگی ہے۔۔۔ تم بھول گئیں۔۔۔

جو تورے سیاں کو بھوک لگے گی

لڈو، پیڑا، جلیبی بن جاؤں گی

سیاں توری گودی میں

(نفیس سیاں کو دروازے تک دھکیلنے میں کامیاب ہو جاتا ہے، لیکن سیاں مضبوطی سے دروازہ پکڑ لیتا ہے۔)

سیاں :میں کرسی اور پلنگ کے درمیان دیکھ رہا ہوں۔۔۔ اور تمہاری پرچھائیں نظر آتی ہے۔ مجھ سے اندھا اچھا ہے شادو۔ ہائے یہ سب کچھ نظر آ رہا ہے اور نہیں بھی آ رہا ہے۔۔

۔ میرے اللہ ۔۔۔

نفیس :(دروازے کے ایک طرف منہ نکالتے ہوئے) مراتب ۔۔۔ مراتب میاں۔

(دروازے پر عذرا نمودار ہوتی ہے۔ وہ کچھ دیر کے لئے رک جاتی ہے، لیکن پھر ایک عزم کے ساتھ آگے بڑھتی ہے۔)

عذرا :صاحب آپ کون ہیں ۔۔۔ آپ باہر کیوں نہیں جاتے۔ یہ شریف آدمیوں کا مکان ہے۔ شادو نے یہاں سے مکان تبدیل کر لیا ہے۔ آپ جایئے فوراً یہاں سے ۔۔۔

سیاں :(پھٹی پھٹی نگاہوں سے دیکھتے ہوئے) یہ آواز بھی گھر اور بازار کی آوازوں میں کھو کر رہ گئی۔ یہ شادو کی آواز نہیں، اس سے اچھی ہو گی لیکن یہ شادو کی آواز نہیں۔ یہ شادو کی آواز نہیں ۔۔۔

مراتب :ابے کون ہے؟ ۔۔۔ نکل باہر شہدے کمینے ۔۔۔

نفیس :گالی مت دو اسے فقط باہر نکال دو ۔۔۔

عذرا :دیکھو مارو نہیں ۔۔۔ گمراہ طالب علم ہے بے چارہ۔

مراتب :کئی بے چارے گمراہ طالب آتے تھے اسی کے یہاں ۔۔۔ نکل باہر چھوکرے ۔۔

۔

(کشمکش، مراتب سے دھکا دے کر باہر گرا دیتا ہے۔ لڑکے کے گرنے کی آواز کے ساتھ ہی دروازہ بند ہوتا ہے۔)

پردہ

دوسرا منظر

(اسی مکان کے سونے کا کمرہ۔ رات کا وقت ہے اور نفیس باہر سے آ کر کپڑے

بدل رہا ہے۔ عذرا اس کا کوٹ اس کے موزے وغیرہ لے کر مناسب جگہوں پر رکھ رہی ہے۔)

عذرا : بہت تھکے ہوئے نظر آتے ہو۔ آج بہت کام تھا کیا؟

نفیس : دفتر میں کوئی کام نہیں۔ البتہ دوسری باتیں تھوڑی ہیں پریشانی کے لیے۔

عذرا : دوسری باتیں کوئی اور مکان دیکھا؟

نفیس : مکان کے لیے بہت کوشش کی لیکن کوئی ہو تو بات بنے۔ یہ غریب ہونا بھی تو ایک لعنت ہے ورنہ ایسے ہی دو کمرے پینتیس روپیہ میں ملتے تھے۔

عذرا : پینتیس تو ہم کسی صورت نہیں دے سکتے۔۔۔ کھانا؟

نفیس : تمہارا خیال ہے میں ابھی تک بھوکا ہوں گا۔ دفتر کی ٹی شاپ سے بہتر الم غلم کھالیا اور چائے پی لی۔ اس دفعہ بل بھی بہت بن جائے گا۔ جب کوئی گھبراہٹ ہوتی ہے تو میں کھانے پر زور دیتا ہوں۔

عذرا : اور مجھے کھانا پینا سب بھول جاتا ہے (کچھ یاد کرتے ہوئے) میں نے تو بیس بار کہا ہے پراٹھے ساتھ لے جایا کرو۔

نفیس : کون مصیبت میں پڑے (چارپائی پر بیٹھتے ہوئے) اور پھر دفتر میں لیمو نچوڑ بابو ہے۔

عذرا : لیموں نچوڑ بابو۔

نفیس : ہاں، اپنا ایک لیموں کسی کی دال میں نچوڑ کر برابر کا حصہ بن جاتا ہے۔

(دونوں خفیف سی ہنسی ہنستے ہیں۔)

عذرا : تو پھر دو باتیں تو ہو نہیں سکتیں کہ بل بھی نہ بنے اور بھوک بھی اتر جائے۔

(نفیس اپنا منھ دونوں ہاتھوں میں دے لیتا ہے۔)

عذرا : کیوں چپ چاپ بیٹھ گئے؟

نفیس : تو اور کیا شور مچاؤں۔ دیکھو مجھے یوں تنگ نہ کرو عذرا مجھے آرام سے سو جانے دو۔

عذرا : آئے ہائے۔۔۔ راستہ دیکھتے دیکھتے آنکھیں پک جاتی ہیں۔ شادو کے گاہکوں کے ڈر کے مارے دن بھر کواڑ بند کیے پڑی رہتی ہوں اور اب۔۔۔

نفیس : (چڑ کر) نہ اندر پڑی رہا کرو۔ میں دیکھنے آتا ہوں کیا۔ خوب رنگ رلیاں منایا کرو۔ مجھ سے یہ ناز برداری نہیں ہونے کی۔

عذرا : (رونکھی ہو کر) تم بھی یوں کہو گے تو زندہ نہ رہوں گی۔

نفیس : اور میں کون زندوں میں ہوں۔ مردوں سے بدتر ہوں۔ محلہ والے الگ بدنام کرتے ہیں۔ ان کا خیال ہے کہ ایک شادو گئی اور اس کی جگہ دوسری شادو آگئی۔

عذرا : محلہ والے جو چاہے کہتے پھریں۔ تمہارے سوا میں کسی کے سامنے جوابدہ نہیں ہوں۔ اگر تم بھی ایسی باتیں کرنے لگے تو میرا کون ٹھکانا ہے؟۔۔۔ اب جو لوگ آتے ہیں تو اس میں میرا کیا قصور ہے؟ میں تھوڑے کسی کو بلانے جاتی ہوں۔

نفیس : یہی تمہاری بھول ہے کہ تم میرے آگے جواب دہ ہو۔ تمہارا کیا خیال ہے کہ ہم خودکشی میں حق بجانب ہیں۔ ہم اپنے کو نہیں مار سکتے اگرچہ یہ جسم ہمارا اپنا ہے، اس کے لیے ہم حکومت کے سامنے جواب دہ ہیں۔۔۔ اس جسم کے علاوہ ہمارا ایک اخلاقی جسم بھی ہوتا ہے جسے پامال کرنے کے لیے ہم گلی کوچے کے ہر کتے، بلی، بچے بوڑھے کے حضور جواب دہ ہیں۔۔۔

عذرا : لیکن ہم نے کون اخلاقی خودکشی کی ہے۔

نفیس : اور تم تو کچھ بھی نہیں جانتیں۔ تم نے سنا ہے خلق کی آواز خدا کا نقارہ ہوتی ہے۔ بس وہ نقارہ بج رہا ہے اگر تمہارے کانوں میں اس کی آواز نہیں گونجتی تو تم بہری ہو۔ اس

میں تمہارے کانوں کا قصور ہے۔

عذرا :اس کا یہ مطلب ہوا کہ چار آدمی تمہیں اٹھ کر برا کہنے لگیں تو تم برے ہو گئے؟۔۔۔

نفیس :برا نہیں ہوا لیکن برائی سے آلودہ ضرور ہو گیا۔ میرا ایمان ہے دس آدمی مل کر تمہیں کہیں تمہارے چہرے پر ناک نہیں ہے تو ضرور سمجھ لو خدا نے تمہارا چہرہ بغیر ناک کے بنایا ہے اگرچہ آئینہ اس کے خلاف ہی گواہی دے۔

عذرا :(زہر خند سے) اچھی بات ہے۔۔۔ اگر ان دس آدمیوں نے کسی کو پاگل کر دینے کی سازش کی ہو تو۔

نفیس :نہیں نہیں، تم اسے مذاق میں ٹالنے کی کوشش نہ کرو۔ جس آدمی کو یہ بات کہنے کے لیے دس آدمی اکٹھے ہوں گے اس آدمی میں ضرور کوئی نہ کوئی نقص ہو گا۔ کم از کم وہ اس قابل ضرور ہو گا اس کا مذاق اڑایا جائے۔۔۔ اور جب یہ ہو جائے تو پاگل پنے اور ناک کے نہ ہونے میں صرف عقیدے کا فرق ہے نا۔۔۔ دیکھو تم پھر ہنس رہی ہو۔۔۔

عذرا :اچھا اگر تمہیں میرا ہنسنا ناگوار گزرتا ہے تو میں نہیں ہنستی لیکن اس میں میرا کیا قصور ہے اور اگر میرا قصور ہے تو تم بھی اس قصور میں برابر کے حصہ دار ہو۔

نفیس :آہ۔۔۔

(سرد آہ بھر کر لیٹ جاتا ہے۔)

عذرا :دیکھو اب جانے دو۔

نفیس :نہیں نہیں، میں ہنس نہیں سکتا جب کہ میرا دل رو رہا ہے۔ محلہ والوں نے ہمارے خلاف ایک سازش کر رکھی ہے۔

عذرا :آج کی سازش ہے وہ۔ دو مہینے ہم کو یہاں ہو گئے۔۔۔ تب سے یہ باتیں ہو رہی

ہیں۔

نفیس : تمہارے خیال میں تو صرف باتیں ہو رہی ہیں۔

عذرا : اور نہیں تو کیا ہو رہا ہے ؟

نفیس : چہ میگوئیوں کی حد سے گزر کر محلے کے معتبر آدمیوں نے ایک جلسہ کیا ہے جس میں یہ طے پایا ہے کہ ہمیں یہاں سے چلے جانے کا مشورہ دیا جائے۔

عذرا : (گھبرا کر) سچ۔

نفیس : اور تو کیا میں جھوٹ کہہ رہا ہوں۔

عذرا : نہ جائیں تو وہ کیا کریں گے۔

نفیس : کوئی ایک طریقہ ہے تنگ کرنے کا۔ وہ کئی طریقوں سے ہمیں پریشان کر سکتے ہیں۔

عذرا : مثلاً۔

نفیس : مثلاً۔۔۔ مثلاً وہ حاکمان شہر سے شکایت کر سکتے ہیں کہ مکان میں در پردہ فحاشی ہوتی ہے جو شادو کا کوئی گاہک آئے تو وہ پولیس کی معرفت ہمیں پکڑوا سکتے ہیں۔ وہ ہمارا حقہ پانی بند کر سکتے ہیں۔

عذرا : حقہ پانی کی تو میں پروا نہیں کرتی ہاں دوسری باتیں البتہ۔۔۔ لیکن تمہیں ان باتوں کے لیے لڑنا چاہیے۔ میں نہیں مان سکتی، قانون ایسا ہی موم کی ناک ہے کہ ان کی مرضی کے مطابق۔۔۔

نفیس : دماغ میرا ابھی ان باتوں کو نہیں قبول کرتا۔ لیکن جب ٹھنڈے دل سے غور کرتا ہوں تو اس نتیجے پر پہنچتا ہوں کہ اگر دفتر والوں تک بھی یہاں کی باتیں پہنچ گئیں تو میں منھ دکھانے کے قابل نہیں رہوں گا۔۔۔ کتنے آدمی ہوں گے جو سمجھیں گے کہ یہ شریف

انسان ہے زیادہ تعداد ان لوگوں کی ہوگی جو یہی سمجھیں گے کہ اپنی بیوی۔۔۔

عذرا : بس چپ رہو۔۔۔ کسی طرح یہاں سے نکل جاؤ خواہ ہمیں کسی چھپر کھٹ کے نیچے ہی کیوں نہ رہنا پڑے۔

نفیس : ہاں میں چلا جاؤں گا۔ میں اپنی عزت کے لیے لڑوں گا نہیں، شور نہیں مچاؤں گا۔ میں شریف انسان ہوں۔ تم جانتی ہو جب ہم نئے نئے اس مکان میں آئے تھے تو اس روز ایک طالب علم۔۔۔ کیا نام؟۔۔۔ نام یاد نہیں رہا۔ بہرحال ایک طالب علم شاد وسے ملنے آیا تھا اور اس نے کہا تھا کہ شریف آدمی اپنی بیٹی کی بے حرمتی دیکھ کر بھی عدالت کا دروازہ نہیں کھٹکھٹاتے۔۔۔ بس اس کے الفاظ میں آدمی کی جگہ خاوند اور بیٹی کی جگہ بیوی کر لو۔۔۔

عذرا : شرابی چھوکرے کی باتوں پر جاتے ہو؟

نفیس : باتیں بڑے کام کی کرتا تھا وہ شرابی چھوکرا۔

عذرا : اپنی عزت بچانے میں دامن پر جو داغ لگ جاتے ہیں وہ مبارک ہیں۔۔۔ تم زیادہ پرواہ نہ کیا کرو۔ آؤ میں تمہیں کچھ سنا دوں جی بہل جائے گا ذرا۔۔۔

نفیس : گویا پڑوسیوں کو اس بات کا ثبوت دیں کہ یہاں یہی دھندہ ہوتا ہے۔

عذرا : آئے ہائے۔ اور تو کیا بالکل گھٹ کے مر جائیں۔

(طنبورہ لے آتی ہے اور اسے چھیڑتی ہے۔)

نفیس : عذرا تم نہیں سوچتیں ہم یہاں پر دیسی ہیں۔ کل کلاں کو کوئی بات ہوئی تو ہماری حمایت میں یہاں ایک آدمی بھی کھڑا نہ ہو گا۔

عذرا : کوئی نہ ہو۔۔۔ خدا ہمارے ساتھ ہے۔

نفیس : خدا بہت دور کی بات۔۔۔ عذرا ٹھیرو۔۔۔ یہ آواز کدھر سے آرہی ہے؟

(کھڑکی سے باہر دو آدمی بات کر رہے ہیں۔ ان لوگوں کی شکلیں بھی دھندلی دھندلی نظر آتی ہیں۔)

بنواری : دیکھ لو میں نہ کہتا تھا صاف آواز آرہی ہے۔۔۔ اندر کوئی آدمی بھی ہے۔

مرزا شوکت : ہاں، اور کوئی ساز معلوم ہوتا ہے، ستار کے موافق۔

بنواری : میں نہ کہتا تھا ان کا یہاں ہونا ہماری بہو بیٹیوں کے لیے بہت خراب ہے مشکل سے شادو کو یہاں سے نکالا تھا۔۔۔ (وقفہ) ۔۔۔ تو اب کیا ارادہ ہے؟

مرزا شوکت : میرے خیال میں اندر چل دو۔۔۔ جو روکا تو محلے کے نام پر شور مچا دیں گے اور جو نہ روکا تو ہمارا کام بنا بنایا ہے۔۔۔ عورت اچھی معلوم ہوتی ہے۔ تم نے اس دن اسے لفافہ خریدتے ہوئے دیکھا تھا۔

(مل کر ہنستے ہیں۔)

مرزا شوکت : اب کرو ذرا ہمت۔۔۔

(نفیس یہ سن کر کھڑکی کی طرف آتا ہے۔)

نفیس : خبردار کسی نے کھڑکی پر آنے کی کوشش کی۔ یہاں اب نہ شادو رہتی ہے اور نہ کوئی ایسی عورت۔

بنواری : (آہستہ سے) صاحب ہمیں شادو سے کوئی خاص وہ نہیں ہے۔

مرزا شوکت : ہم تو دو گھڑی۔۔۔

نفیس : میں کہتا ہوں کہ یہاں سے بھاگ جاؤ۔۔۔ اب شادو کی جگہ یہاں گرہستی رہتے ہیں اور ان کے متعلق آپ کا اندازہ سراسر غلط ہے۔

بنواری : اماں چلو یار۔۔۔ چل دو۔۔۔ جانے کی کیا مصیبت ہے۔

مرزا شوکت : یوں ہی چل دیں؟ اس محلے میں چراغ تلے اندھیرا ہم نہیں دیکھ

سکتے۔ بلکہ ہم کل امام صاحب کو بھی ساتھ لے لیں گے، پھر دیکھیں گے لوگ کس طرح محلے میں بدکاری کر سکتے ہیں۔ (کچھ سوچ کر) لیکن یار تم یونہی ڈر گئے۔ جتنا یہ آدمی، اچھل اچھل کر آتا ہے مجھے اتنا ہی دال میں کالا معلوم ہوتا ہے۔ یہ ان لوگوں کا ڈھنگ ہوتا ہے اور میری بات سنو۔

(کانوں میں کچھ کہتا ہے جو نفیس اور عذرا کو سنائی نہیں دیتا۔)

نفیس : بے ہودہ لوگ ہیں، کب تک ان کی باتیں سنے جائے آدمی؟

عذرا : میں کہتی ہوں سن کر بھی کچھ نہیں سننا چاہئے۔ کسی کا منھ تھوڑے ہی باندھا جاتا ہے۔ چپکے سے سو جاؤ۔

نفیس : ہاں سو جاؤ۔

(آہستہ آہستہ دروازہ کھٹکھٹایا جاتا ہے۔)

لیکن یہ ہولے ہولے زنجیر ہلا رہا ہے کوئی

عذرا : وہی لوگ ہوں گے۔۔۔ اور ہوا کریں۔

نفیس : ہاں سو جاؤ۔

عذرا : لیکن مجھے نیند نہیں آتی۔

نفیس : تمہیں فکر کس بات کی ہے؟ گہنا پاترا اپنے پاس نہیں ہے۔ کواڑ بند ہی ہیں کھپ کھپا کر چلے جائیں گے۔

عذرا : خود مریں کھپیں۔ ہمیں ناحق پریشان کرتے ہیں۔۔۔ جب تک چلے نہ جائیں مجھے تو نیند آنے کی نہیں۔

نفیس : جو تمہارا مطلب ہے کہ فساد بپا کیا جائے تو میں اس کے حق میں نہیں ہوں۔۔۔ البتہ اسرار کرو گی تو سر پھوڑنے کے لیے تیار ہوں۔۔۔

(اٹھنا چاہتا ہے۔)

عذرا : نہیں نہیں۔ پڑے رہئے چپکے سے۔ میں تو یونہی کہہ رہی تھی کہ مجھے نیند نہیں آتی۔ آپ تو سارا دن دفتر میں کام کرتے کرتے تھک جاتے ہیں۔ آپ سو جائیں۔۔۔(کچھ دیر بعد ڈر کر) میں کہتی ہوں جی۔ کواڑ ہل رہے ہیں جیسے کھل گئے ہیں۔

نفیس : ہیں۔۔۔ سنو! قدموں کی آوازیں آرہی ہیں۔ گویا کوئی ڈیوڑھی میں کھڑا ہے، یا۔۔۔اندر چلا آرہا ہے۔ (بلند آواز)۔۔۔ کون ہے؟

مرزا شوکت : ہم ہی ہیں صاحب۔۔۔ آپ کے محلہ دار بنواری لال اور مرزا شوکت۔۔۔

نفیس : آپ کیسے اندر چلے آئے۔۔۔؟ آپ کو یہاں آنے کی اجازت کس نے دی؟۔۔

بنواری لال : (گھبرا کے) ہم کیسے اندر چلے آئے؟۔۔۔ ہم یونہی اندر چلے آئے۔ (کھسیانی ہنسی ہنستا ہے۔)

مرزا شوکت : ہم آپ کے پڑوسی ہیں، ہمیں امام صاحب نے بھیجا ہے۔

نفیس : لیکن یہ کون سا وقت ہے یہاں آنے کا؟۔۔۔ اور میرے خیال میں دروازہ بند تھا جس کا مطلب ہے آپ دروازہ توڑ کر داخل ہوئے ہیں۔

(عذرا سہمی ہوئی نظر آتی ہے۔)

بنواری : ہم نے دروازہ توڑا نہیں۔۔۔ بس دھکیلا تھا کہ وہ باہر آگیا۔ بات یہ ہے کہ پرانے کواڑ ہیں۔۔۔

نفیس : آپ محلے دار ہوتے تو ہر گز ایسا نہ کرتے۔ آپ یقیناً چور ہیں۔۔۔ اور مداخلت بے جا کر رہے ہیں۔ آپ کو کوئی حق نہیں پہنچتا کہ اس وقت کسی شریف آدمی کے مکان پر

اجازت کے بغیر چلے آئیں۔ میں نے کھڑکی سے آپ کی گفتگو سن لی تھی۔۔۔ میں ایک سرکاری ملازم ہوں اور اپنی بیوی کے ساتھ یہاں رہ رہا ہوں۔۔۔ میری بیوی ایک گرہستن ہے کوئی بھگائی ہوئی عورت نہیں، داشتہ نہیں۔ (قریب پڑی ہوئی لاٹھی اٹھالیتا ہے۔) یہاں سے فوراً چلے جایئے ورنہ مجھ سے برا کوئی نہ ہوگا۔

بنواری : دیکھئے صاحب، ہم یوں چلے جائیں گے، لیکن ہم آپ کی دھمکی سے ڈرنے والے نہیں ہیں۔

مرزاشوکت : بابو صاحب۔۔۔ ہم سب معاملہ سمجھتے ہیں (ذرا درشت لہجے میں) آپ نے بہو بیٹیوں والے محلے میں یہ اڈا بنا رکھا ہے۔ محلے والے سب آپ کو جانتے ہیں۔ آپ ایسا ہر آدمی یوں اپنے آپ کو گرہستی ہی کہتا ہے۔

عذرا : (گھبرائے ہوئے) اللہ مارو۔ اللہ کے قہر سے ڈرو۔ ہم گرہستی لوگ ہیں ہمیں یوں تو نہ بدنام کرو۔۔۔ تم لوگوں کے بھی کوئی ماں ہوگی، بہن ہوگی۔ اندازہ کرو اگر کوئی۔

--

مرزاشوکت : اجی ہم خوب سمجھتے ہیں یہ باتیں۔

بنواری : ہم یہاں تھوڑی دیر بیٹھنے کے لئے آئے تھے اور ہمیں کسی چیز کی ضرورت نہ تھی۔

نفیس : میں کہتا ہوں چلے جاؤ یہاں سے نکل جاؤ ورنہ جان سے ہاتھ دھو بیٹھو گے۔

عذرا : (نفیس کو روکتے ہوئے) خدا کے لیے۔۔۔ پروردگار لیے۔

بنواری اور مرزاشوکت: پہلے یہ لاٹھی رکھ دیجئے پھر ہم سے بات کیجئے۔

(دروازے سے پولیس انسپکٹر مائیکل اور ایک کانسٹبل داخل ہوتے ہیں۔)

سب انسپکٹر مائیکل: ٹھہر جاؤ، رک جاؤ تم سب لوگ حراست میں ہو۔

نفیس :(لاٹھی چھوڑ کر) مدد۔۔۔ مدد۔ میں کہیں کا نہ رہا انسپکٹر صاحب۔(تقریباً روتے ہوئے۔) میں منھ دکھانے کے قابل نہیں رہا۔ مجھے اور میری بیوی کو حراست میں لے لیجئے ہم دونوں آپ کی حراست میں اس آزادی سے اچھے رہیں گے۔

عذرا :میں آپ کے پاؤں پڑتی ہوں انسپکٹر صاحب (جھکتی ہے) ہمیں اس مصیبت سے بچائیے۔ ہم بے گناہ ہیں۔

سب انسپکٹر مائیکل: دیکھئے خاموش رہئے۔ میرے پاؤں پڑنے کی ضرورت نہیں ہے۔

کانسٹبل :یہ سب عیاری ہے انسپکٹر صاحب، ان سے پوچھئے کہ یہ کون آدمی ہیں۔

سب انسپکٹر مائیکل: پوچھنے کی کیا ضرورت ہے وہ تو صاف ظاہر ہے آج تک میں نے کسی مجرم۔

نفیس :(وحشیانہ انداز میں) کون مجرم انسپکٹر صاحب میں مجرم ہوں اور میری بیوی۔۔

۔

سب انسپکٹر مائیکل: نفیس صاحب آپ ہی ہیں۔

مرزا شوکت :جی ہاں، یہ انہی کی نفاست ہے۔

سب انسپکٹر مائیکل: آپ چپ رہئے۔

نفیس :نفیس میرا ہی نام ہے۔۔۔ لیکن میں نے کوئی ایسا کام نہیں کیا جس کی رو سے میں مجرم گردانا جاؤں۔ یوں جیسا کہ میں نے غرض کیا آپ کی قید میں آنے کے لیے تیار ہوں۔

بنواری :جھگڑے کی نوبت یہی ہے جناب کہ بہو بیٹیوں کے اس محلے میں۔۔۔

سب انسپکٹر مائیکل: بکو مت! ان لوگوں کو میں تم سے زیادہ سمجھتا ہوں۔ یہ درست ہے ان لوگوں نے اس مکان کو فحاشی کا اڈہ بنا رکھا ہے۔ لیکن آپ اس وقت یہاں کیسے تشریف

لائے؟ کیا آپ دن کے وقت ان لوگوں کو اخلاق کا سبق نہیں پڑھا سکتے تھے؟

نفیس :فحاشی کا اڈہ۔۔۔ یہ آپ کہہ رہے ہیں؟

مرزاشوکت :دن کے وقت؟۔۔۔ یہ آپ کیا فرمارہے ہیں؟ ہم لوگ دن بھر اپنے کام دھندے میں مشغول رہتے ہیں۔

کانسٹبل :دن کے وقت محلے دار انھیں کس طرح پکڑ سکتے ہیں؟

سب انسپکٹر مائیکل:اگر اس کمرے میں محلہ داروں کے علاوہ کوئی اور شخص ہوتا جس کی بابت ان لوگوں کو تفصیلات نہ پتہ ہوتیں تو یہ لوگ مجرم لیکن اب یہ محلے دار بغیر کسی بین ثبوت کے اندر چلے آئے ہیں اور مداخلت بے جا کے مرتکب ہوئے ہیں۔

نفیس :جناب والا! میں کچھ عرض کرنا چاہتا ہوں۔

عذرا :ہائے میرے اللہ۔۔۔

سب انسپکٹر مائیکل: (نفیس اور عذرا سے) میں آپ سے بات کرتا ہوں (بنواری لال سے) آپ کا نام کیا ہے؟

بنواری لال :(ادھر ادھر دیکھ کر) میرا نام ہے لیکن میں تو۔۔۔

سب انسپکٹر مائیکل: میں آپ کو نگلے نہیں جارہا ہوں۔۔۔ میں صرف نام پوچھ رہا ہوں، اتنا گھبرایئے مت۔

بنواری لال :میرا نام ب۔۔۔ بنواری لعل ہے۔

سب انسپکٹر مائیکل: (مرزاشوکت سے) آپ کا اسم گرامی؟

مرزاشوکت :لیکن انسپکٹر صاحب ہمارا گناہ کیا ہے؟ طوائف کے دروازے تو خلق خدا کے لیے کھلے ہوتے ہیں۔ ہم جو اندر چلے آئے تو کیا جرم کیا۔۔۔؟

سب انسپکٹر مائیکل: خوب!۔۔۔ یہ خلق خدا کے الفاظ کا بھی خوب استعمال ہوا ہے۔ لیکن

صاحب آپ تو محلے دار کی حیثیت سے تشریف لائے تھے تاکہ یہ اڈا اٹھوا کر محلے کے لوگوں کی بہو بیٹیوں کی آبرو بچائی ہے۔

مرزا شوکت :(گھبرا کر) نہیں میرا مطلب ہے۔۔۔

سب انسپکٹر مائیکل: آپ اپنا نام بتایئے؟

بنواری لعل :(ڈرتے ہوئے) مرزا شوکت ہے۔

(مرزا شوکت غصہ سے بنواری لال کی طرف دیکھتا ہے۔)

مرزا شوکت :لکھ لیجئے۔ میں کوئی ڈرتا تھوڑی ہوں۔ ہمیں امام صاحب نے بھیجا ہے تاکہ اس کی تحقیق کی جائے۔

سب انسپکٹر مائیکل: چلیے اس بات کی بھی تصدیق ہو جاتی ہے (کانسٹبل سے) سردار حسین انھیں باہر لے جاؤ تاکہ دوسرے محلہ داروں کے ساتھ ان کی بھی گواہیاں پیش کی جائیں۔

مرزا شوکت :لیکن ایک بات کا خیال رکھئے۔ ہم باعزت شہری ہیں اور۔۔۔

سب انسپکٹر مائیکل: جی ہاں میں جانتا ہوں آپ تشریف لے جایئے۔

(کانسٹبل مرزا شوکت اور بنواری لال کو باہر لے جاتا ہے۔)

(نفیس سے)۔۔۔ نفیس صاحب آپ کے آبائی گھر اور دفتر کا پتہ میرے پاس ہے۔ آپ پہلے جس جیوری ڈکشن میں رہتے تھے، وہاں تفتیش کی جا چکی ہے اس جگہ آپ کب سے رہ رہے ہیں۔

نفیس :عرصہ دو ماہ سے۔

سب انسپکٹر :نہیں آپ کو غالباً یہاں آئے دو ماہ اور چودہ دن ہوئے ہیں۔

عذرا :جی ہاں بس اتنے ہی دن ہوئے ہیں۔

سب انسپکٹر مائیکل: (نفیس سے) جب آپ یہاں آئے تھے تو آپ کو پتہ نہیں تھا کہ اس مکان میں شمشاد بائی طوائف رہتی تھی؟

نفیس : نہیں صاحب میں بنا جانے بوجھے اسباب اٹھوا کر ادھر چلا آیا تب سے ہر روز یہی قصہ ہوتا ہے۔ کوئی نہ کوئی ہمارا دروازہ کھٹکھٹاتا ہی رہتا ہے اور محلے والوں کو ہم پر شک کرنے کا موقع دیتا ہے اور یہ چپقلش جاری ہے۔

سب انسپکٹر مائیکل: چپقلش سے آپ کا کیا مطلب ہے؟

نفیس : یہی۔۔۔ نیا مکان تلاش کرنے اور نہ ملنے کی مرزا شوکت اور بنواری ایسے لوگوں کے ساتھ جھگڑنے کی۔ آج تک میں یہی سمجھتا آیا تھا کہ ہمیں اپنے ہی گناہوں کا حساب دینا ہوتا ہے لیکن نقل مکانی کے اس تجربے بے ثبات کر دیا کہ انسان اپنے بچوں، اپنے ماں باپ، اپنے بھائی بہن، بیوی کے کردار کا بھی ذمہ دار نہیں ہوتا بلکہ اپنے پڑوسیوں کے قول و فعل کے لیے بھی گردن زدنی ہے۔

عذرا : تمام دن ہمارا دروازہ بند رہتا ہے۔۔۔ ہم ڈر کے مارے کواڑ کھولتے ہی نہیں، آپ کواڑ دیکھ کر پتہ کر لیجئے کہ یہ لوگ دروازہ اکھاڑ کر اندر آئے ہیں یا نہیں۔۔۔ اور ہم کچھ نہیں کہنا چاہتے۔ ہم کچھ نہیں کہہ سکتے۔۔۔ جتنا ہم زیادہ بولتے ہیں اتنا ہی گناہگار معلوم ہوتے ہیں۔۔۔ اگر آپ بھی ہمیں قصوروار سمجھتے ہیں تو جو سلوک آپ چاہیں کریں۔۔۔

سب انسپکٹر مائیکل: آج کا واقعہ میں نے اپنی آنکھوں سے دیکھا ہے۔۔۔ میں سب معاملہ کی جانچ پڑتال کر چکا ہوں۔ آپ بے حد شریف ہیں اور یہی آپ کا جرم ہے۔۔۔ (نفیس سے) کل آپ تھانے میں تشریف لائیے نفیس صاحب اور نیک چلنی کی ضمانت داخل کیجئے۔۔۔

نفیس　:نیک چلنی کی ضمانت ؟

عذرا　:نیک چلنی کی ضمانت ؟۔۔۔(روکر) میرے اللہ۔

نفیس　:انسپکٹر صاحب!۔۔۔مجھے بد چلن ہی سمجھ لیجئے لیکن میں نیک چلنی کی ضمانت نہیں داخل کر سکوں گا۔ اس سے پہلے رشتہ داروں میں یہ بات نہیں پھیلی پھر ان میں بھی پھیل جائے گی۔ آپ مجھے گرفتار کیوں نہیں کر لیتے ؟ میں حاضر ہوں (دونوں ہاتھ بڑھا دیتا ہے) میرے پاس کوئی ضامن نہیں۔ اس محلہ میں میرا کوئی واقف نہیں۔ کوئی ہمدرد نہیں۔

(عذرا بدستور رو رہی ہے۔)

سب انسپکٹر مائیکل: آپ سمجھتے نہیں ہیں۔۔۔ صرف ایک کاغذی کاروائی مکمل کرنی ہے اگر کوئی ضامن نہ ملا تو میں آپ کو مہیا کر دوں گا۔۔۔ آپ محلے والوں سے ڈریں نہیں۔۔۔ میں آپ کی پوزیشن کو خوب سمجھتا ہوں مجھے آج سے اپنا ہی سمجھئے۔

نفیس　: یہ آپ کیا کہہ رہے ہیں انسپکٹر صاحب ہم آپ کے قابل نہیں ہیں۔۔۔ آپ نہیں جانتے ہم آپ کے کتنے ممنون ہیں۔

سب انسپکٹر مائیکل: آپ خوف نہ کھایئے میں ہر طرح سے آپ کی مدد کرنے کو تیار ہوں۔ ۔۔ (عذرا سے) میری بیوی بھی آپ کی طرح گانے بجانے کا شوق رکھتی ہے۔ (نفیس سے) کیا آپ دونوں پیر کے روز میرے ساتھ چائے پی سکتے ہیں ؟

عذرا　: ہم آپ کے بہت شکر گزار ہیں۔ آپ ان محلے والوں سے ہماری خلاصی کرا دیجئے۔ آپ کو بڑا ثواب ہو گا۔۔۔ مجھے خود آپ کی بیگم صاحبہ سے ملنے کا اشتیاق پیدا ہو گیا ہے، آپ جب چاہیں گے ہم آپ کے گھر پہنچ جائیں گے۔

سب انسپکٹر مائیکل: (قدرے گھبرا کر) چائے گھر پر ممکن نہ ہو سکے گی۔۔۔ دیکھئے نا ذرا میری بیوی بیمار رہتی ہیں۔ چائے باہر پی سکیں گے کہیں۔۔۔ پھر سیر تماشا ہو جائے گا،

بہر حال میں عرض کروں گا، کل آپ تھانے تشریف لا رہے ہیں ؟ میں چلتا ہوں۔ خدا حافظ !

(جاتا ہے۔)

نفیس :جی ہاں کل صبح ضرور حاضر ہو جاؤں گا۔۔۔ خدا حافظ !

(وقفہ)

نیک چلنی کی ضمانت۔۔۔ چائے کی دعوت۔۔۔ کہیں اس سے بڑا گڑھا تو نہیں کھودا جارہا ہے ؟

عذرا :میں کیا جانوں۔۔۔ہائے میرے اللہ !

پردہ

تیسرا منظر

(وہی کمرہ جو پہلے منظر میں نظر آتا ہے۔ فرق صرف اتنا ہے کہ اب سب چیزیں قرینے سے رکھی ہیں۔ کونے میں طنبورا پڑا ہے۔ تپائی پر ایک نفیس پاندان رکھا ہے جس کے قریب گھنگرو پڑے ہیں۔ عذرا اس وقت کچھ کپڑے صندوق میں ڈال رہی ہے۔ کپڑے ڈالنے کے بعد وہ صندوق کو چارپائی کے نیچے ڈھکیل دیتی ہے تاکہ جگہ اور کشادہ ہو جائے نفیس ایک کھڑکی کے پاس بیٹھا ہے۔ کبھی کبھی بازار میں جھانک لیتا ہے۔ گویا کسی کے آنے کا منتظر ہے۔)

عذرا :اب بالکل سر پر آگئی تمہاری بھانجی کی شادی۔۔۔

نفیس :ارے ہاں۔۔۔ میں تو بالکل غافل ہی تھا۔۔۔ کب بیاہی جارہی ہے نصیرہ ؟

عذرا :ہفتہ اور ہفتہ، آٹھ اور آٹھ اور سولہ اور تین دن اوپر۔۔۔ آج سے بیسویں روز شادی ہے بلاوے پر بلاوا آرہا ہے اور تمہیں کوئی خبر نہیں ہے۔

نفیس :تم نے یہ جتا کر مجھے پھر فکر میں مبتلا کر دیا۔

عذرا : تین سے کم جوڑے دو گے تو عزت نہیں رہے گی اور ایک سوٹ دولہا کے لئے کہیں گے دس برس سے ماموں کمار ہا ہے اور اتنا بھی نہ ہوا جو بھانجی کو جوشن ہی بنوا دیتا۔

نفیس :دو جوڑے۔ ایک سوٹ اور پھر ایک جوشن۔۔۔ یہ کیا بات کر رہی ہو تم۔ ہم مسلمانوں میں۔۔۔

عذرا : میں ٹھیک کہہ رہی ہوں۔ ہم ٹھیک مسلمان ہیں۔ لیکن راجپوت ہونے کی وجہ ے ہماری تمام رسمیں تو ہندوانہ ہیں نا۔

نفیس :میں کوشش کر رہا ہوں عذرا، لیکن دیکھنے والے اندھے ہیں کیا؟ تمہارے اپنے پہننے کو کپڑا نہیں ہے، اوپر سے سردیاں منہ پھاڑے آرہی ہیں۔ مجھ سے جو ہو گا وہ بنوا دوں گا۔

عذرا : یہ تو ٹھیک ہے لیکن اس سے کم میں عزت نہ رہے گی۔ کہے دیتی ہوں۔ آپا کہے گی۔۔۔ بھانجی کا بیاہ کب روز روز ہو گا۔۔۔ اس سلسلے میں تو ہمیں تھوڑے بہت ادھار سے بھی نہیں ڈرنا چاہیئے۔۔۔ بہت نہیں تو گزارے موافق ہی سہی۔

(وقفہ)

نفیس :دیکھو میں کچھ انتظام کرتا ہوں۔۔۔ دراصل میں تمہارے متعلق ایک عرصے سے سوچ رہا تھا۔

عذرا : میرے متعلق مت سوچو۔ میرا تو گزارہ ہو ہی رہا ہے۔۔۔ میں کہتی ہوں تم بھی بھلا دفتر کے دوسرے لوگوں کی طرح کیوں نہیں ہو جاتے ؟۔۔۔ اس تنخواہ میں گزارہ تو ہونے سے رہا۔ کبھی کبھار پیسے لے لینے سے کیا ہو جاتا ہے۔ یہ غریبی بھی تو سو گنا ہوں ایک گناہ ہے۔

نفیس :رشوت کے نام پر جسے اسرافیل کا صور سنائی دینے لگے وہ کیا کرے ؟ مر کر ہمیں

خدا کو جواب دینا ہے۔

عذرا : تمہارا کیا خیال ہے باقی خدائی تمہاری طرح ہی ہے ؟ وہ لوگ آخر کیا جواب دیں گے۔ جو جواب وہ دیں گے وہ تم بھی دے لینا۔ پھر تم اسے اپنی عادت نہ بناؤ ہو ایک آدھ بار کسی سے کچھ لے لیا۔ جب کام نکل گیا پھر منھ نہ لگایا کسی کو۔

نفیس : ہاں عذرا میں تم سے پہلے اس نتیجے پر پہنچ چکا تھا بلکہ ٹھیکیدار عرفانی کا گانٹھ لیا تھا اس نے یہاں چھ بجے آنے کا وعدہ کیا تھا۔ لیکن اس وقت ساڑھے چھ بجے ہیں اور اس کی شکل تک نظر نہیں آتی۔

عذرا : (قدرے آسائش کے ساتھ) کتنے پیسوں کی امید ہے۔

نفیس : یہی سات آٹھ سو کی ارے ایک پل کا ٹھیکہ تو ہے کہیں بڑے صاحب سے براہ راست نہ لے لے میں نے پہلے نہیں بتایا کہ تم مجھے برا بھلا نہ کہو، بلکہ مجھے یہ فکر دامن گیر تھی کہ تمام بات کھل جانے پر میں کیا منھ دکھاؤں گا۔۔۔ کچھ تمہیں حیران کر دینے کا ارادہ بھی تھا۔۔۔ اب تم خود ہی اس کی تعریف کر رہی ہو۔

عذرا : (کھڑکی کی طرف جاتے ہوئے) کس قسم کا آدمی ہے ؟ ٹھہرو میں دیکھتی ہوں۔

نفیس : یہی دبلا پتلا سا آدمی ہے۔۔۔ لو کی سر پر ایک ڈھیلی ڈھالی ڈگمگاتی ہوئی ہیٹ پہنتا ہے۔ اس کی پہچان یہ ہے کہ پائجامہ کے ساتھ ہیٹ۔

عذرا : (کھڑکی سے جھانکتے ہوئے) ابھی تک تو دور گلی سے اس سرے پر بھی کوئی نظر نہیں آرہا ہے۔

نفیس : (سوچتے ہوئے) عذرا تمہاری اس تائید کے بدلے ایک قسم کی تسکین ضرور ہو گئی ہے لیکن مجھے ایک طرح کا رنج بھی ہوا ہے۔

عذرا : (ہنستے ہوئے) نفیس تم ساری زندگی اس قدر شریف رہے، مجھے بتاؤ تمہیں اس سے کیا حاصل ہوا۔ یہاں محلے میں جو ماری بدنامی ہوئی ہے اور اب تک رسوائی ہے اس

کے لیے ہماری شرافت ہی تو ذمہ دار ہے۔۔۔ ابھی کل ہی امام باڑے کی ایک عورت سے میری لڑائی ہوئی اس نے جو کچھ کہا۔۔۔ الٰہی پناہ! اللہ دے اور بندہ لے۔ لیکن اب تو یہ باتیں دل پر اثر ہی نہیں کرتیں۔۔۔ (پان لگاتے ہوئے) یہاں آ کر ہمیں بھی پان کھانے کی عادت ہو گئی ہے۔

نفیس : (پان لیتے ہوئے) تم نے تو مجھے بتایا ہی نہیں عذرا۔

عذرا : کیا نہیں بتایا؟

نفیس : یہی لڑائی کے متعلق۔

عذرا : تم دفتر سے تھکے ماندے آتے ہو۔ میں نہیں چاہتی کہ تمھیں اس قسم کی باتیں سنا کر پریشان کیا کروں اور وہ عورت خود محلے بھر میں مشہور ہے پہلے پہل لوگوں نے اس کے متعلق واویلا کیا لیکن جب اس نے سب کی ماں بہن کو دھر لیا تو سب چپ ہو گئے۔ اب اس سے کوئی الف سے ب تک نہیں کہتا۔۔۔

نفیس : یہ ہم ہی ہیں جنھوں نے سب کچھ شرافت سے سن لیا۔۔۔ اور اس لیے انھیں ہمارے منہ آنے کا موقع مل گیا۔

عذرا : (کھڑکی سے باہر دیکھتے ہوئے) ٹھہرو گلی میں کوئی آرہا ہے۔۔۔ ٹھکیدار عرفانی۔ ۔۔ میں دیکھتا ہوں۔۔۔ (کھڑکی کی طرف جاتا ہے۔) اوں ہوں۔ یہ تو کوئی کبوتر باز ہے۔ دونوں ہاتھوں میں کبوتر تھامے اور گامے شاہی جوتا پہنے جارہا ہے۔ حمیدو کا پٹھا ہے۔ حمیدو پہلوان کا۔۔۔ (وقفہ) اب تو کافی دیر ہو گئی۔ عرفانی نے کہا تھا جو میں چھ بجے تک پہنچ گیا تو بہتر ورنہ نہیں آؤں گا (مایوسی سے) شاید بڑے صاحب کو مل گیا ہو۔

(مایوسی سے) ہاں شاید بڑے صاحب سے مل گیا ہو گا۔ پیسہ ہماری قسمت میں نہیں ہے۔

نفیس : تو اب کیا ہو گا؟۔۔۔ نصیرہ کی شادی پر۔۔۔

عذرا :(منھ لمبا کرتے ہوئے)تو گویا اب وہ نہیں آئے گا؟

نفیس :معلوم تو یہی ہوتا ہے۔۔۔اچھا اگر کل دفتر میں وہ مجھ سے ملنے آیا تو میں ٹھیکے سے انکار کر دوں گا۔ صاف کہہ دوں گا میں نے ٹھیکہ وکرم سنگھ کو دے دیا ہے۔

عذرا :یہ وکرم سنگھ کون ہے؟

نفیس :یہ دوسرا ٹھیکیدار ہے۔

عذرا :وہ کچھ نہیں دے گا؟

نفیس :اگر عرفانی نے کچھ نہ دیا تو پھر میں وکرم سنگھ سے کچھ نہیں لوں گا میں ہر ایک آدمی کو نہیں گانٹھ سکتا۔ اس سے میری نوکری خطرے میں پڑ جاتی ہے اور خود بھی میں۔

--

عذرا :ہاں یہ درست ہے۔

نفیس :اچھا وہ کون تھی امام باڑے والی عورت؟

عذرا :اجی وہی قاضی صاحب کی دوسری بیوی تھی۔ گز بھر کی لمبی زبان والی خود گھر گھر جھانکتی پھرے اور میرے منھ آئے۔۔۔میں کیا پرواہ کرتی ہوں۔

نفیس :تم نے کچھ سنادی ہوتیں۔

عذرا :اور تو کیا میں کم کرتی ہوں۔۔۔اب نہیں میں ڈرتی کسی سے۔

(دروازے پر دستک سنائی دیتی ہے۔)

لو تمہارے عرفانی آ گئے۔ ٹھہرو کھڑکی سے دیکھتی ہوں۔

نفیس :نہیں نہیں میں جاتا ہوں۔۔۔

(جاتا ہے۔)

عذرا :یہ تمہارا عرفانی نہیں ہے۔۔۔یہ تو کوئی اور ہی ہے موٹا سا آدمی سیاہ چشمہ لگائے ہوئے۔

نفیس :(دروازے میں رک کر)ہیں!۔۔۔ ٹھہرو میں خود دیکھتا ہوں۔۔۔

(جاتا ہے۔)

عذرا :جانے یہ کون بلا آگئی پھر۔۔۔ ہاں شاید عرفانی نے اپنا کارندہ بھیجا ہو۔ لیکن شکل سے تو کارندہ نہیں دکھائی دیتا۔۔۔ اوہ یہ چادر کس میلی ہے؟

(اٹھ کر کمرے کو درست کرنے لگتی ہے۔ جلدی جلدی ایک صاف چادر بچھا دیتی ہے۔ کچھ دیر بعد نفیس گھبرایا سا داخل ہوتا ہے۔)

نفیس :ارے بھئی یہ کوئی اور ہی صاحب ہیں۔ سیٹھ شیو برت نام ہے۔

عذرا :عرفانی کے کارندے نہیں؟

نفیس :نہیں۔۔۔ کہتے ہیں کہیں ایک برس بعد آتا ہوں۔

عذرا :اس شہر میں؟

نفیس :ہاں۔۔۔ اور شادو کے یہاں۔

عذرا :تو آپ نے انھیں بتا دیا ہوتا۔۔۔

نفیس :(وقفہ)۔۔۔(کچھ مجرمانہ انداز میں) میں کہتا ہوں۔۔۔

عذرا :کہو۔۔۔

نفیس :ادھر لے آؤں۔۔۔ دوسرے کمرے میں بٹھار کھا ہے انھیں۔

عذرا :ادھر کس لیے؟۔۔۔ خدا کے لیے یہاں سے مکان تبدیل کرو۔۔۔ پہلے اسے نکال دو۔

نفیس :اتنا امیر آدمی ہے، میں اسے یوں ہی کیسے نکال دوں۔۔۔(ڈرتے ہوئے) سیٹھ کوئی چور تو نہیں ہے۔ اسے کچھ دیر عزت و تکریم سے بٹھاتے ہیں۔ اس کے بعد خود چلا جائے گا۔

عذرا :تو بٹھا دو یہاں۔۔۔ میں دوسرے کمرے میں چلی جاتی ہوں۔۔۔ اول تو تمہیں

معلوم ہی ہے محلے میں۔۔۔

نفیس : تمہیں نے کہا تھا کبھی کبھار رشوت لینے سے کیا ہو جاتا ہے۔ یہ غریبی بھی تو سو گناہوں کا ایک گناہ ہے۔

عذرا : اچھا تو یہ بھی ٹھیکیدار قسم کا آدمی ہے اور اس سے بھی رشوت ممکن ہے۔

نفیس : نہیں ایسی رشوت نہیں۔

عذرا : (گھبرا کر) تو پھر کیا ہے؟

نفیس : تمہیں نے کہا تھا۔ ''تم ساری زندگی اس قدر شریف رہے ہو مجھے بتاؤ تمہیں اس سے کیا حاصل ہوا۔'' محلے میں جو بدنامی ہوئی اس کے لیے ہماری شرافت ہی تو ذمہ دار رہے۔

عذرا : تو پھر تمہارا مطلب کیا ہے؟

نفیس : (ڈرتے ہوئے) میں کہتا ہوں۔۔۔ ایک گانا سنا دو۔ سیٹھ صرف گانے کا شوقین ہے، سو ایک روپیہ ہو جائے گا گانا گانے میں کیا حرج ہے؟

عذرا : یہ تمہیں کیا ہو گیا؟۔۔۔ لوگ کیا کہیں گے؟

نفیس : لوگ پہلے کیا کچھ نہیں کہتے؟۔۔۔ پھر ابھی تم کہہ رہی تھیں میں کسی سے نہیں ڈرتی۔ آہستہ سے کچھ سنا دینا۔

عذرا : نہیں، میں کہتی ہوں تم بھی۔

نفیس : ارے صرف گانا ہی تو ہے۔۔۔ دیکھنا پتہ نہ چلے ذرا اچھی طرح پیش آنا (آواز دیتے ہوئے) سیٹھ جی!

(شیوبرت اندر چلے جاتے ہیں۔)

شوبرت : آداب عرض کرتا ہوں۔

عذرا : (سخت گھبراہٹ میں) آداب عرض۔۔۔ آپ (کچھ سوچ کر تپائی کی طرف

اشارہ کرتے ہوئے) ادھر بیٹھ جائیے۔

نفیس :(پلنگ کی طرف اشارہ کرتے ہوئے) تشریف رکھئے۔

شیوبرت :(بیٹھتے ہوئے) کہئے مزاج اچھے ہیں؟۔۔۔(بغیر جواب کا انتظار کیے) سال میں ایک بار شمشاد کے یہاں آتا ہوں۔۔۔اب کے پتہ چلا اس کی جگہ آپ تشریف رکھتی ہیں۔۔۔اور آپ کے سازندے کہاں ہیں؟

نفیس :(مجرمانہ گھبراہٹ کے ساتھ)دراصل ان کی طبیعت اچھی نہ تھی اس لئے سازندوں کو رخصت کر دیا۔(طنبورہ اٹھا کر عذرا کے ہاتھوں میں تھما دیتا ہے۔۔۔عذرا کانپتے ہوئے ہاتھوں سے طنبورہ لے لیتی ہے۔)لیکن آپ جب کہ تشریف لے آئے۔

عذرا :(گھبرا کر) میں نہیں گا سکوں گی۔

نفیس :ذرا وہ سنا دو۔۔۔جلد آجا کہ جی ترستا ہے

(عذرا بڑی کوشش سے طنبورہ چھیڑتی ہے۔ دروازے میں مراتب نمودار ہوتا ہے۔)

مراتب :(خفیف سی مسکراہٹ کے ساتھ)پان درکار ہوں گے سرکار کو؟

(پردہ گرجاتا ہے)

***

محل سرا
ڈاکٹر محمد حسن

افراد :

نواب صاحب: کسی زمانے میں بڑے جاگیر دار تھے۔ عمر تقریباً ۶۸ سال۔ چہرے سے وجاہت ٹپکتی ہے۔ رنگ گورا اور نقشہ تیکھا اس عمر میں بھی پوری بتیسی موجود ہے اور تندرستی اچھی ہے۔

منظور: نواب صاحب کا بڑا لڑکا جو جائداد کا سارا کاروبار سنبھالتا ہے۔ جاگیرداری ختم ہونے کے بعد فارم وغیرہ کی نگرانی کرتا ہے اور مکانات اور شہری جائداد کا کرایہ وصول کرتا ہے۔ عمر تقریباً چالیس سال۔ شکل و صورت سے رعب داب ٹپکتا ہے۔ عام طور پر مغربی لباس کا دلدادہ ہے۔

شاہانہ: نواب صاحب کی بڑی بیگم منظور کی ماں۔ بوڑھی ستر سالہ عورت ہے۔ سب بال سفید منہ میں ایک دانت بھی نہیں۔ چھوٹا قد، تندرستی خراب، پتلا دبلا جسم ہے جب بیٹھتی ہے تو بالکل گٹھری سی لگتی ہے۔ لباس میلا ہی پہنے رہتی ہے۔ چہرے پر مظلومیت کا بڑا اثر چھایا رہتا ہے۔

ریحانہ: منظور کی بہن۔ عمر تیس سے پینتیس سال کے درمیان۔ قبول صورت لڑکی ہے۔ لباس میلا اور بے ترتیب۔ قد نکلتا ہوا۔

سلیم: شاہانہ بیگم کا بھانجا۔ مصور ہے اور ان دنوں مہمان آیا ہوا ہے۔ عمر تقریباً تیس سال۔ خاصا وجیہہ نوجوان ہے جسم گٹھا ہوا۔ ناک نقشہ تیکھا ہے۔ اس کی آنکھوں میں ایک خواب آگیں کیفیت ہر وقت چھائی رہتی ہے۔

خادم: ایک بوڑھا۔ مگر تنو مند نوکر جو اس گھرانے کا وفادار اور قدیمی خدمت گا رہے اور جس سے گھر بھر میں کوئی پردہ نہیں کرتا۔

زمانہ: موجودہ

مقام: یو۔ پی کا کوئی شہر

اس ڈرامہ کو اسٹیج کرنے میں تقریباً ڈیڑھ گھنٹہ لگے گا اور مخصوص موسیقی، روشنی اور صوتی اثرات کی ضرورت پڑے گی۔

پہلا سین

(پرانے زمانے کے ایک مکان کا وسیع صحن، جس کے ایک طرف دالان کے درد کھائی دے رہے ہیں، اور دوسری طرف باورچی خانہ ہے۔ باورچی خانہ کے کواڑ بند ہیں اور دالان کے باہر چوکی کی پر جانماز بچھی ہوئی ہے۔ ایک دو پلنگ صحن میں پڑے ہوئے ہیں۔ ان پر میلی چادریں بچھی ہوئی ہیں۔ ایک پلنگ پر شاہانہ بیگم بیٹھی ہوئی چھالیہ کتر رہی ہیں۔ بہت بوڑھی عورت ہیں۔ اونچی پیشانی اور کھلتی ہوئی رنگت سے ظاہر ہوتا ہے کہ کبھی خوبصورت رہی ہوں گی۔)

شاہانہ بیگم : ریحانہ۔۔۔ ریحانہ (پھر چھالیہ کترنے لگتی ہیں) ریحانہ۔۔۔ کہاں ہے بیٹی!

ریحانہ   :(دور سے آواز آتی ہے) آئی امی جان آئی۔

بیگم   :ارے بیٹی منظور آتا ہوگا اور چائے ابھی تک تیار نہیں ہوئی۔

(ریحانہ دالان کی طرف سے صحن میں داخل ہوتی ہے۔ میلے کپڑے، بے دھلا سر جس سے کچھ لٹیں باہر نکلی ہوئی ہیں۔ دوپٹہ آدھے سے سر ہی کو ڈھکے ہوئے۔ ہاتھ میں صرف ایک چوڑی پڑی ہے۔ عمر ڈھلنے لگی ہے، اور چال میں وہ ٹھسک پیدا ہوگئی ہے جو جوانی کے اخیر ایام کی نشانی ہے۔)

ریحانہ   :امی! آج میری آنکھوں میں درد ہے اور ابھی دھوپ بھی نہیں اتری۔

بیگم   :نہیں بیٹا منظور اب آتا ہی ہوگا۔ چاہئے تیار نہ ہوگی تو الٹے پاؤں واپس لوٹ جائے گا۔

ریحانہ   :امی آخر میری بھی تو طبیعت خراب ہے۔ میں کیا کروں۔

بیگم   :میری اچھی بیٹی میں اتنے چائے کے برتن لگاتی ہوں تو پانی رکھ دے۔

(ریحانہ باورچی خانہ میں داخل ہوتی ہے۔ کیتلی اٹھاتی ہے۔ برابر کے نل سے پانی بھرنے لگتی ہے۔ اتنے میں دروازے سے منظور داخل ہوتا ہے۔ یہ اس ویران ماحول میں اجنبی سا لگتا ہے۔ اس وقت ڈریسنگ گاؤن پہنے ہوئے ہے مگر بال ترتیب کے ساتھ بنے ہوئے ہیں۔ آنکھوں پر موٹے فریم کا چشمہ۔ ہاتھ میں اخبار ہے۔)

منظور   :ریحانہ بی! چائے تیار ہوگئی؟

ریحانہ   :ابھی لائی بھائی جان۔

منظور   :(اخبار پڑھنے لگتا ہے۔ صحن میں پڑے ہوئے تخت پر بیٹھ جاتا ہے۔ تھوڑی دیر خاموشی کے بعد) امی! (شبانہ بیگم جو برابر پلنگ پر بیٹھی ہیں۔۔۔ اور اندیشہ کے احساس کے ساتھ متوجہ ہو جاتی ہیں) سنی نواب صاحب کی باتیں۔

بیگم :(گھبرا کر) کیا کہا انھوں نے؟

منظور :صاف بات ہے۔ کان کھول کر سن لیجئے۔ آپ ہوں یا آپ کے شوہر نامدار۔ میں طعنے تشنے نہیں سنوں گا۔ میں نے جائداد کے کام میں خون پسینہ ایک کر دیا۔ آپ کا ہزاروں کا قرضہ قریب قریب ادا ہی کر چکا ہوں۔ دن رات پلا رہتا ہوں اور پھر بھی مجھ ہی کو برا بھلا سننا پڑتا ہے۔

بیگم :آخر بتاؤ تو سہی اللہ میرے۔ کیا کہہ دیا انھوں نے؟

منظور :اس جائداد پر قرضہ کرنے کا ذمہ دار کون ہے؟ میں یا وہ؟ انھوں نے راتوں مجرے اور دنوں عیاشیاں کی ہیں یا میں نے؟ انھوں نے رام رنگی کی محفلیں اور اندر سبھا کے اکھاڑے سجائے ہیں یا میں نے؟

بیگم :(ایک آہ سرد کے ساتھ) میں جانتی ہوں۔

منظور :اور میری تعلیم پر ایک پیسہ خرچ کیا گیا ہوتا تو آج میں بھی کسی بڑے عہدے پر ہوتا۔۔۔ میری پرداخت پر اتنی توجہ ہوتی تو میں بھی یوں تمہاری جائداد کی نچوڑی ہوئی ہڈی کو پھر سے چچوڑنے پر مجبور نہ ہوتا۔ میری تعلیم کے پردے میں ہوس کو پورا کیا گیا۔ میرے لیے جو استانیاں رکھی گئیں ان سے عشق لڑایا گیا اور جب میں جوان ہوا۔۔۔

بیگم :منظور بیٹا۔۔۔ ان باتوں سے کیا فائدہ۔۔۔؟

منظور :امی، مجھ سے نہیں سہا جاتا۔ میں اس لیے جوان ہوا تھا کہ تمہاری جائداد کا غم اپنے کمزور کاندھوں پر اٹھالوں اور اب وہ مجھ سے کہتے ہیں کہ میں انھیں فاقے مار رہا ہوں۔ میں ان کے پھٹے پرانے کپڑوں کو رفو کرانے کے لیے بھی پیسے نہیں دیتا۔ مجھے طعنے دیے جاتے ہیں کہ میں ان کی بیوی اور بیٹی سے پکانے والی اور نوکرانی کا کام لیتا ہوں۔

بیگم :وہی تو کہتے ہیں ہم تو نہیں کہتے۔ میرے لال۔ ان کے کہنے کا کیوں برا مانتا ہے۔

منظور : ۲۴ گھنٹے تمہارے کام میں دوڑ دھوپ کرتا ہوں۔ کچہری جاتا ہوں۔ کاغذات سے مغز پچی کرتا ہوں اور اس کا انعام یہ ہے۔۔۔ (بیگم کی طرف گھورتے ہوئے) میں تمہارے لیے اپنی کھال کی جوتیاں بھی بنوا کر دوں تو بھی یہی انعام ملے گا۔ میں تمہیں فاقے مارتا ہوں میں۔۔۔

بیگم : ارے توبہ ہے تو بھی کیا قصہ لے کر بیٹھ گیا۔

منظور : نہیں امی وہ ہوں یا تم یا کوئی اور میں کسی کو فاقہ نہیں مارتا۔ میں کسی سے نہیں کہتا کہ نوکرانی مت رکھو اور مجھے کھانا کھلاؤ۔ میں ہی فاقے مر جاؤں گا۔ میں آج ہی فوج میں نام لکھا سکتا ہوں کما کھا سکتا ہوں۔ جائداد کے پیچھے پھرنے والے کتے کوئی اور ہوں گے۔

(ریحانہ چائے لاتی ہے۔ چائے تخت پر رکھ دیتی ہے اور خاموش کھڑی ہو جاتی ہے۔)

بیگم : اب یہاں کھڑی کیا ہو۔ اگالدان اٹھا کر لاؤ۔ سچ مچ میرا کام سبھی کو بھول جاتا ہے۔ آج انھوں نے کہا ہے کل تم لوگ کہو گے۔ نہیں مجھے منظور نہیں۔

(ریحانہ اگالدان لا کر رکھ دیتی ہے۔ قریب پلنگ پر بیٹھ جاتی ہے۔)

(سلیم اندر داخل ہوتا ہے۔ آدرش وادی، خواب پرست نوجوان مصوری کا شوقین۔)

سلیم : ارے کیا ہوا منظور بھائی۔ کیا منظور نہیں آپ کو ہم منظور کیے لیتے ہیں۔

منظور : آؤ بھائی سلیم چائے پیو۔

سلیم : بنائیے۔ شکر ڈیڑھ چمچہ۔ لیکن یہ آپ منظور نامنظور کیا کر رہے تھے۔

منظور : کچھ نہیں، ریحانہ کا ایک رشتہ آیا تھا۔

سلیم : اوہ۔ میں سمجھا۔ آیا تھا یا آیا ہے۔

منظور : تفصیل بتاؤں گا تو ریحانہ ابھی یہاں سے بھاگ جائے گی۔

سلیم : نہیں منظور بھائی مجھے اور کچھ جاننے کی ضرورت بھی نہیں۔ رشتہ آیا تھا ذات پات میں کھوٹ رہی ہوگی۔ آپ نے نامنظور کر دیا ہوگا اور بس بہت کافی ہے۔

(شاہانہ مسکراتی ہے۔ پھر چھالیہ کترنے میں مشغول ہو جاتی ہے۔ ریحانہ فیصلہ نہیں کرپاتی ہے کہ بیٹھی رہے یا چلی جائے۔ تھوڑی دیر کے بعد شاہانہ بیگم اٹھ کر چلی جاتی ہیں، اور دالان کی طرف غائب ہو جاتی ہیں)

منظور : آدمی یار تم عقل مند ہو۔ آپ کے شاہکار کا کیا حال ہے۔

سلیم : آپ میری تصویر کے بارے میں پوچھ رہے ہیں۔ اس نمائش سے پہلے ہی مکمل ہو جائے گی۔

منظور : تم نے حسن مغموم کا یہ تصور لیا کہاں سے۔

سلیم : بھائی وہ تصویر پوری ہو جائے تو دیکھئے گا۔ (ریحانہ کی طرف دیکھ کر) خیر یوں حسن مغموم کا تصور تو عام ہے بلکہ حسن بیمار کا بھی۔ ہاں مجھے ان دو آنکھوں سے یہ منظر دیکھنے کا اتفاق ہوا ہے۔ اب اگر ''موت'' کی تصویر بھی بناؤں گا تو اسے کسی کامنی کی شکل ہی میں تصور کرونگا۔ فانی کا وہ شعر یاد ہے تمہیں:

ادا سے آڑ میں خنجر کا منھ چھپائے ہوئے
مری قضا کو وہ لائے دلہن بنائے ہوئے

منظور : ہاں بہت سنا ہے۔

سلیم : یہ بھی کہہ دو مجروں اور رقص گاہوں میں۔ بدمذاقی کی حد ہو گئی (رک کر) یاس حسن کی انتہا ہے اور موت زندگی کی یاس اور زندگی حسن اور موت یہی میرا فن ہے۔ تم بھی کھاتوں اور کھتونی والے اسے کیا سمجھو گے۔ ریحانہ بہن تم بہت کچھ سمجھیں اس فلسفے

کو۔

ریحانہ : (جواب کھڑی ہوئی مکھیاں جھل رہی ہے بڑی معصومیت سے سر ہلا دیتی ہے) نہیں سلیم بھائی میں نہیں سمجھی۔

سلیم : (اسی طرح ریحانہ کو دیکھتے ہوئے (تم سمجھ سکتی ہو) مگر منظور کی طرف اشارہ کر کے) تم نہیں۔ ہرگز نہیں جس دن تم نے حسن اور غم، محبت اور ایثار کو سمجھ لیا حسن خودکشی کرے گا۔ خوبصورتی اپنے ہاتھ سے اپنا گلا گھونٹ لے گی اور آرٹ دم توڑ دے گا۔

منظور : باتیں کم کیا کرتے ہیں۔ (سگریٹ دیتا ہے) لو سگریٹ لو۔

سلیم : (سگریٹ لیتا ہے اسے جلاتا ہے) شکریہ۔

منظور : جی مگر وہ ہمارے اسکیچ کا کیا ہوا۔

سلیم : لاؤ ابھی کھینچ دیں۔ طبیعت موزوں ہے۔ لو "Sitting"

منظور : جی نہیں معاف کیجئے آج مجھے کام ہے۔

سلیم : لعنت ہے تمہارے کام پر۔ سچ کہتا ہوں اس وقت طبیعت رواں ہے۔

منظور : اس وقت تو کسی اور پر مشق ستم کیجئے۔ میں تو یہ چلا۔

(اٹھ کھڑا ہوتا ہے۔)

سلیم : ریحانہ بہن کی تصویر کھینچ دیں۔

منظور : ہاں بھائی ریحانہ کی تصویر کھینچو۔ مگر اسکیچ نہیں تصویر، عمدہ، صاف ستھری۔

سلیم : ان سے اچھی ہوئی تو بات ہے۔

ریحانہ : شکریہ، میں نہیں کھنچواتی تصویر۔

سلیم : لیجئے اور سنئے۔

منظور : نہیں ریحانہ کھنچوا بھی لو۔ اس میں حرج ہی کیا ہے۔ ۱۵۔۲۰ منٹ کی بات ہے۔

سلیم : ہاں بس خاکہ تیار ہو جائے پھر ہو تارہے گا۔

ریحانہ : نہیں بھائی ہم سے نہیں بیٹھا جائے گا۔

سلیم : میری اچھی ریحانہ۔

ریحانہ : آپ نہیں سمجھتے کھانے میں دیر ہو جائے گی۔

منظور : ہو جانے دو آج ذرا دیر ہی سے کھالیں گے۔ تم جانتی نہیں ہو، سلیم بھی بہت بڑا آرٹسٹ ہے۔ یہ موقع روز روز تھوڑا ہی آتے ہیں۔

ریحانہ : اللہ، سلیم بھائی۔ آپ کتنا پریشان کرتے ہیں۔ اچھا لیجئے بیٹھ گئی۔

سلیم : شکریہ۔ بھئی منظور نیچے سے میرا کچھ سامان بھجوا دینا۔ اس دن سے وہیں پڑا ہے۔

منظور : اچھا۔

(جاتا ہے۔)

بیگم : (باہر آتی ہے) ریحانہ۔

ریحانہ : (سلیم سے) دیکھا آپ نے (ذرا زور سے) جی امی۔

بیگم : دال دھولی ہے نا۔

ریحانہ : ہاں امی۔

بیگم : اچھا تو میں نیچے سے ذرا سا پودینہ توڑ لاؤں۔

(بیگم چلی جاتی ہے۔ خادم سامان لے کر آتا ہے اور سلیم تصویر بنانے کے لیے سامان درست کرتا ہے۔ پنسل اٹھاتا ہے اور خاکہ بنانا شروع کرتا ہے ریحانہ تخت پر بیٹھی ہوئی ہے۔)

سلیم : بھئی ہلو مت۔ ادھر دیکھو۔ پھر ہلیں۔ تمہیں ڈر لگ رہا ہے کیا؟

ریحانہ : نہیں تو سلیم بھائی۔

سلیم : تو پھر ادھر کیوں نہیں دیکھتیں۔

ریحانہ : میری آنکھوں میں تکلیف ہے میں دھوپ کی طرف نہیں دیکھ سکتی۔

سلیم : اوہ! مگر تم تو ابھی باورچی خانہ میں تھیں۔

ریحانہ : وہ تو کام کی مجبوری تھی۔

سلیم : اور یہ فن کی مجبوری ہے۔ اچھا خیر۔ نہ دیکھو(Profile) ہی سہی میں چاہتا تھا تمہاری تصویر مونالزا اسٹائل میں بناتا۔

ریحانہ : کیا اسٹائل۔

سلیم : مونالزا اسٹائل۔ یہ ایک بہت بڑے فن کار کی تصویر ہے۔ ایک عورت تھی مونالزا۔ وہ جب تصویر کھنچانے بیٹھتی تو اس کے چہرے کے نقوش میں کوئی بات بھی مصور کوInspire نہ کر سکی مگر جب ایک روز مصور نے اس کے لیے۔۔۔ بہار کے شاداب ترین تازہ پھول اکٹھے کیے۔ ساون کے سب سے میٹھے سب سے پیارے گیت صرف کیے تب اس کے لبوں پر وہ مسکراہٹ کھیلی جو مصور کو ایک غیر فانی شاہکار کے لیے آمادہ کر سکی اور اس نے اس مسکراہٹ کو اسیر کر دیا۔ بہار کے حسین ترین پھولوں سے پیدا کی ہوئی مسکراہٹ، موسم گل کے سحر آلود نغموں سے جگمگاتی ہوئی مسکان۔

ریحانہ : (وہ بے اختیار ہنس پڑتی ہے اور اس کی آنکھوں سے آنسو کے دو قطرے ٹپک پڑتے ہیں اور اس کے رخسار پر بہنے لگتے ہیں۔ اس کی آواز رندھی ہوئی ہے) میں مسکرا نہیں سکتی سلیم بھائی۔

سلیم : (بے خبری میں تصویر پر نظر جمائے ہوئے) یہ میں جانتا ہوں (پھر نظر اٹھا کر ریحانہ کو دیکھتا ہے اور اب اس کی آواز میں حیرت ہے) مگر یہ تم رو کیوں رہی ہو۔

ریحانہ : آپ جانتے ہیں؟

سلیم : ہاں جانتا ہوں۔ مگر تم رویا تو نہیں کرتیں۔

ریحانہ : مگر آج۔۔۔(سسکی بھرتی ہے) جب آپ میری تصویر کھینچ رہے ہیں۔ یہ میری خوبصورت یا بدصورت شکل کو محفوظ کر رہے ہیں، تو سوچتی ہوں میں بھی ایک عورت تھی۔ میں بھی ایک انسان تھی اور میں بھی زندہ رہنا چاہتی تھی۔

سلیم : تم کو زندہ نہیں رہنے دیا گیا۔ میری تصویر ''گلفام'' دیکھی ہے تم نے، وہ جسے کنویں میں قید کر دیا گیا تھا۔

ریحانہ : میں تصویروں کی زبان نہیں سمجھتی اپنی آواز پہچانتی ہوں۔ پیدائش سے لے کر آج تک میں اس گھر کے قید خانے میں سزا بھوگ رہی ہوں عمر قید کی سزا۔ میرے ہاتھوں پر مصالحے کی مہندی رچی ہے۔ میرا سر ابابیل کا گھونسلا بنا ہوا ہے اور میرے کپڑے صافی کی رنگت کے ہیں۔ میرے کندھوں پر رات دن پکانے کا بوجھ ہے اور خوراک میں وہ سڑی دالیں اور جو ملے ہوئے آٹے کی روٹی۔ میں بھی پہننا چاہتی تھی۔ میں بھی ہنسنا چاہتی تھی۔ میں جینا چاہتی تھی اور مجھے زندہ دیوار میں چن دیا گیا کہ میں ایک بڑے جاگیر دار کے گھرانے کی بیٹی ہوں۔

سلیم : (ایک برش اٹھاتا ہے اور اسے اپنے گال سے لگا کر بیٹھا ہوا ریحانہ کو تکتا رہتا ہے پھر زیرِلب کہتا ہے) حسن مغموم۔ یاس اور حسن۔۔۔

ریحانہ : (اپنی بات جاری رکھتے ہوئے) سلیم بھائی آپ میری تصویر بنا رہے ہیں اس دنیا کے لیے جسے میں نے نہیں دیکھا۔ جس کی سیر نہیں کی (اس کی آواز میں تندی ابھر آئی ہے) میں اس دنیا میں اپنی یادگار بھی کیوں رہنے دوں۔ ریحانہ کوئی نہیں تھی۔ وہ کبھی پیدا نہیں ہوئی۔ اس نے دنیا میں قدم نہیں رکھا۔

سلیم　:ریحان بہن۔ میں تمہاری یہ تصویر بناؤں گا۔۔۔ ضرور بناؤں گا۔

ریحانہ　:نہیں سلیم بھائی۔ آپ کی تصویر پوری نہیں ہو گی (اٹھتی ہے اور سروتے سے کنویس کو چیر ڈالتی ہے) نہیں سلیم بھائی نہیں! ریحانہ کا کوئی نشان باقی نہیں رہے گا۔ میں نہیں چاہتی کوئی مجھے دیکھے ریحانہ کو جو وہ تھی اور اس ریحانہ کو نہ دیکھ سکے جو وہ بننا چاہتی تھی۔

(اپنا چہرہ ہاتھوں میں چھپالیتی ہے اور دالان کی طرف دوڑتی ہوئی چلی جاتی ہے اور ایک سسکی کے ساتھ پلنگ پر گر پڑتی ہے اور تکیے میں منہ چھپا کر رونے لگتی ہے۔)

سلیم　:(گھبرایا ہوا کچھ دیر اپنے کنویس کو دیکھتا رہتا ہے۔ پھر سگریٹ کا ایک کش لیتا ہے اور دالان کی طرف جاتا ہے۔ ادھر سے شاہانہ بیگم آجاتی ہیں۔ سلیم بھی دالان میں جا کر پنکھے سے ہوا کرنے لگتا ہے۔)

بیگم　ریحانہ بٹی!

سلیم　:خالہ جان ادھر آیئے۔

بیگم　:کیا ہوا؟

سلیم　:ریحانہ بہن کی طبیعت یکایک خراب ہو گئی ہے۔

بیگم　:اوہ، میری بچی کو پھر دورہ پڑ گیا۔ بیٹا سلیم۔ سلیم۔ تم ذرا پانی لیتے آؤ۔ میں گلاب چھڑ کتی ہوں۔ پنکھا کہاں ہے۔ اے ہے خدایا اپنا فضل کیجیو۔

(سلیم پانی لاتا ہے بیگم پانی کے دو ایک چھینٹے اس کے منھ پر دیتی ہیں اور گلاب سنگھاتی ہیں۔ سلیم پنکھا جھلتا ہے۔)

(اتنے میں قدموں کی چاپ سنائی دیتی ہے۔ نواب صاحب داخل ہوتے ہیں۔ ایک کالی ریشمی شال اوڑھے ہوئے آنکھوں پر سونے کے فریم کا چشمہ ہے۔ آواز میں

شاہانہ وقار ہے۔)

نواب :(دروازے ہی سے) بیگم، بیگم، کہاں ہو۔

(سلیم کے ہاتھ پنکھا ایک لمحہ کے لیے رک جاتا ہے۔ بیگم صاحبہ اپنے ہوش و حواس کو پھر یک جا کر لیتی ہیں اور ریحانہ کی طرف سے بے خبر ہو کر نواب صاحب کی طرف متوجہ ہو جاتی ہیں جیسے ریحانہ کو کچھ ہوا ہی نہیں ہے اور نواب صاحب کی آمد اس سے کہیں زیادہ اہم بات ہے۔ چہرے پر گھبراہٹ کے آثار نمایاں ہیں۔ آخر گھبرا کر پلنگ سے اٹھ جاتی ہیں اور نواب صاحب کی طرف چلتی ہیں۔)

نواب :بیگم یہ لو عظیمہ کا خط آیا ہے۔ اس نے لکھا ہے کہ اسے تمہارے ہاتھ کا بنا ہوا حلوہ بہت پسند آیا ہے۔

بیگم :(اس طرح جیسے سنا ہی نہیں) ریحانہ کی طبیعت یکا یک خراب ہو گئی ہے۔

نواب :ریحانہ کیسی ہے ریحانہ ؟ وہی دورہ پڑ گیا ہو گا۔

بیگم :ہاں میں نیچے پودینہ لینے گئی تھی اسے میرے پیچھے ہی دورہ پڑ گیا۔ آپ کے پاس کوئی مجرب دوا ہو گی۔

نواب :ہاں بھیجتا ہوں۔۔۔(ہاتھ میں جو خط ہے اسے پڑھتے ہیں) مگر دیکھو یہ عظیمہ نے لکھا ہے کہ مجھے تمہاری بیگم کے ہاتھ کا بنا ہوا حلوہ بہت ہی پسند آیا دیکھا تم نے بڑی ہی شریر ہے یہ تمہاری بیگم کے ہاتھ بنا ہوا، گویا تم اس کی کچھ ہو ہی نہیں۔ اس نے لکھا ہے۔ ہمارے علاقہ میں ان دنوں شکار کی بڑی کثرت ہے۔ تمہیں بھی تو شکار کو گئے ہوئے بہت دن ہو گئے ہیں، ادھر آ جاؤ تو بہت اچھا ہو تمہارے ساتھ ہی چلی چلوں گی۔ اب تو منظور میاں کا غصہ بھی اتر گیا ہو گا۔

بیگم :ریحانہ کو ابھی تک ہوش نہیں آیا۔ تم ذرا جلدی جا کر کوئی۔ دوا بھیج دو۔

نواب :ہاں بیگم۔ مگر تم نے یہ خلوص کسی میں نہ پایا ہو گا۔ لاکھ تمہاری سوکن ہے مگر تمہارے حلوے کی کتنی تعریف لکھی ہے اس نے تمہاری طبیعت کو پوچھا ہے اور لکھا ہے کہ:

(خط دیکھنے لگتے ہیں۔)

(اتنے میں سلیم پانی لینے کے لیے باہر آتا ہے۔)

سلیم :(پانی کا گلاس ہاتھ میں اور کچھ گھبرایا ہوا ہے) خالو میاں آداب۔ (بیگم سے) خالہ ریحانہ ابھی تک بے دم پڑی ہوئی ہے اس کی طبیعت ٹھیک نہیں ہوئی آپ۔۔۔!

نواب :ارے میاں سلیم جیتے رہو۔ بھئی یہ تمہاری دوسری خالہ کا خط آیا ہے۔ ایک رشتہ سے تو عظیمہ بھی تمہاری خالہ ہی ہوئی۔ تمہاری ماں کے رشتے سے نہ سہی ہمارے رشتے سے سہی۔ دیکھو تو سہی اسے تم ابھی تک یاد ہو۔ لکھا ہے کہ سلیم میاں نے ابھی تک میری تصویر نہیں بنائی۔

سلیم :نواب صاحب بناؤں گا ضرور تصویر بناؤں گا۔

(پانی لے کر چلا جاتا ہے۔)

نواب :سنو تو میاں سلیم (سلیم چلا جاتا ہے) اس نے یہ ایک تصویر بھی بھیجی ہے۔ لو جی بیگم تم دے دینا سلیم کو میں جاتا ہوں۔ خط لانے والا جواب کے انتظار میں بیٹھا ہے اور سنو۔ ریحانہ کی دوا بھیجوں۔

بیگم :ہاں ضرور۔۔۔!

(چلے جاتے ہیں۔)

(ریحانہ کو بھی ہوش آگیا ہے اور اب وہ دو تکیوں سے لگی بیٹھی ہے۔)

سلیم :ریحانہ اب کیسی ہو۔

ریحانہ :آپ پریشان نہ ہوں سلیم بھائی۔ یہ دورہ مجھے کبھی کبھی پڑ جاتا ہے۔ ابھی ٹھیک ہوئی جاتی ہوں۔

سلیم :خالہ جان اس کو باقاعدہ علاج کی ضرورت ہے۔

بیگم :(تھوڑی دیر چپ رہتی ہے) جانتی ہوں مگر دیکھا نہیں تم نے۔ تم نے کچھ نہیں سنا۔ بیٹی بے ہوش پڑی تھی اور ابا اپنی نئی نویلی دلہن کا خط سناتے پھر رہے تھے اور ہاں (میز پر سے تصویر اٹھاتی ہیں) میں تو بھول ہی گئی۔ ان کی تصویر بنانی ہے تمہیں۔

سلیم :(تصویر لے لیتا ہے اور اسے غور سے دیکھتا ہے) تصویر بنانا ہی میرا پیشہ ہے مگر خالہ اس صورت میں کون سی ایسی دلکشی ہے جو بوڑھے دل سے اولاد کی مامتا چھین سکتی ہو۔

ریحانہ :(مسکراتی ہے) سلیم بھائی۔ تصویر بنانے والوں پر یہ باتیں اچھی نہیں لگتیں۔ یہ بات دیکھنے والوں پر چھوڑیئے۔

بیگم :ایک اولاد کی مامتا کیا؟ گھر کا چین زندگی کا سکھ اور۔۔۔!

ریحانہ :آپ ٹھیک نہیں کر رہی ہیں امی۔ ایک کو سارا الزام دے کر باقی سب کو بے گناہ ٹھہرانا ٹھیک نہیں۔ یہ عظیمہ ہے۔ اس سے پہلے صغیرن، مشتری اور۔۔۔ اور۔۔۔

(انگلی کاٹ لیتی ہے۔)

بیگم :ٹھیک ہے میاں سلیم۔ جب اپنے ہی گھر کو آگ لگی ہو تو بجلی کو کیوں کوسیں۔ ان کا ہی دماغ ٹھیک نہیں۔ انھیں رنگ رلیوں سے فرصت نہیں۔ نہیں تو۔

سلیم :(دہراتا ہے) نہیں تو۔۔۔!

بیگم :نہیں تو میرے گھر میں بھی شہنائیاں بجتیں۔ میری لڑکی کے ہاتھ پیلے ہوتے۔

میں بھی منظور کی بہو اور بیٹوں کو دیکھتی۔ اپنے آنگن میں نواسوں اور پوتوں سے گود بھرے بیٹھتے اس گھر کی نیو کس منحوس گھڑی پڑی تھی کہ یہاں اندھیرا منڈلاتا ہے۔ دکھ اور درد کے سوا۔۔۔!

ریحانہ :امی ہم نے ایک مرگھٹ میں جنم لیا ہے۔

سلیم :مگر جائیداد کا انتظام تو منظور کے ہاتھ میں ہے؟

(ریحانہ کی آنکھیں چھلک جاتی ہیں۔)

بیگم :ہاں۔۔۔اسی لیے جائیداد کی آمدنی اسی کے لیے ہے۔

سلیم :اور وہ چاہیں۔

بیگم :مگر وہ کیوں چاہیں۔ وہ جو چاہتے ہیں انھیں ملتا ہے اچھے سے اچھے کپڑے اور پوشاک سواری کو بگھی اور عیاشی کے لیے روپیہ اور ہمارے لیے بس ان کے پاس فصل میں بھروا دینے کے لیے جنس ہے اور گیہوں چنے کی ملی ہوئی روٹی۔

سلیم :آپ ان سے کہتی کیوں نہیں ہیں۔

بیگم :تم ابھی یہاں نئے نئے ہو۔ جو کچھ ملتا ہے وہ بھی بے مانگے نہیں ملتا۔ (کھانسی اٹھ جاتی ہے اور دیر تک کھانستی رہتی ہیں) ایک نوکرانی نہیں جو کھانا پکا سکے۔

سلیم :(خالی نظروں سے گھر کی اونچی دیواروں کو دیکھنے لگتا ہے) مجھے یقین نہیں آتا۔

(ریحانہ ہنس پڑتی ہے۔)

بیگم :تم ابھی بچے ہو سلیم، مگر ایک کام یاد رکھنا۔

سلیم :کیا؟

(ریحانہ اٹھنے لگتی ہے۔)

سلیم :ریحانہ تم کہاں جا رہی ہو؟

ریحانہ :اب رات کی دیگچیوں کے لیے مصالحہ پیسوں گی۔

سلیم :خالہ انھیں مت جانے دیجئے۔ طبیعت زیادہ خراب ہو جائے گی۔

بیگم :بیٹی میں پیس لوں گی تو مت جا۔ ٹھہر جا۔ ابھی۔

ریحانہ :امی ٹھنڈے پانی میں ہاتھ کروں گی تو تمہاری کھانسی پر زور ہو جائے گا۔

(امی منھ پھیر کر سلیم سے باتیں کرنے لگتی ہیں اور سلیم ریحانہ کو باورچی خانے کی طرف جاتے دیکھتا رہتا ہے۔)

بیگم :ہاں بیٹا سلیم ایک کام یاد رکھنا۔ یہ تصویر عظیمہ کی ضرور بنا دینا۔ جلدی بنا دینا۔ وہ تم ہی سے نہیں مجھ سے بھی خفا ہو جائیں گے۔

سلیم :کیوں؟

بیگم :کہ شاید میں نے ہی تم کو بنانے سے روکا ہو گا۔

سلیم :آپ۔۔۔ انہیں شادی کرنے سے نہ روک سکیں (گھنٹہ پانچ بجاتا ہے)تو مجھے تصویر بنانے سے کیوں روکیں گی؟

بیگم :وہ اسے نہ سمجھیں گے۔

سلیم :وہ تو وہ، میں بھی اسے نہیں سمجھ سکتا۔

بیگم :تم ابھی یہاں نئے نئے ہو۔

سلیم :خالہ جان۔ خدا نہ کرے میں کبھی اس دیس میں پرانا ہو جاؤں۔ آپ خالو جان کی حالت دیکھتی ہیں اور انھیں خوش رکھنے کی کوشش کرتی ہیں۔ ان کی آگ میں جلتی ہیں اور ان پر پھول چڑھاتی ہیں۔ ان کے زہر کو اپنے ہی میں نہیں۔ اس کی ایک ایک اینٹ میں سموتی ہیں اور ان کی پوجا کرتی ہیں۔ اس مندر کو مرگھٹ بنانے کی ذمہ دار آپ ہیں خالہ جان آپ۔

بیگم : (چہرے پر غصہ کے آثار پیدا ہوتے ہیں، مگر ضبط کرتی ہیں۔ برابر سے پاندان اٹھا لیتی ہیں اور پان لگانے میں دھیان لگاتی ہیں) مجھے چھوٹوں کی زبان سے طعنے سننے کی عادت نہیں سلیم۔ ہمدردی کرنے سے گئے اور میرے ہی کلیجے میں کچوکے لگانے آئے ہو۔

سلیم : خالہ جان۔ میں یہ سب کچھ نہیں جانتا، ہو سکتا ہے میں ہی غلط کہتا ہوں۔

بیگم : بالکل، تم عورت کا فرض نہیں جانتے؟

سلیم : نہیں جانتا، پتھروں کے سامنے انسانوں کے سر کاٹ کر چڑھا دینے کا رواج زمانہ ہوا اٹھ گیا۔ آپ اسے فرض کہتی ہیں یہ فریب ہے، بہت بڑا فریب جس کے آسرے پر پچھلی نسل نے آنے والی نسل کی جوان ہڈیوں پر اپنا محل چنا اور آج یہ نسل پھر اسی فریب کو دہرانا چاہتی ہے۔ لفظ انسان کا ایجاد کیا ہوا سب سے بڑا فریب ہے۔ محبت؟ فرض؟؟ اور قربانی؟؟؟ لفظوں کے رنگین جال! مجھے ان بے ہودگیوں سے نفرت ہے، ہمدردی نہیں۔ آپ نہیں جانتیں خالہ جان، مگر میرے آرٹ کی یہی پرتگیا ہے کہ وہ انسان کو ان لغو توہمات سے آزاد کرائے۔ انسان آزاد پیدا ہوا ہے اور اسے ساری ہی زنجیریں شکست کرنی ہیں۔

(خادم داخل ہوتا ہے۔ بوڑھا نوکر ہے۔ قمیض اور پاجامے میں ملبوس ہے جو زیادہ صاف ستھرے نہیں ہیں۔ اس بات کا خاص خیال رکھا جائے کہ خادم کو کسی طرح مضحک کردار نہ بنایا جائے۔ نہ اس کی شکل پر غریبی، نفاست یا زیادہ سے زیادہ بڑھاپے کے آثار پیدا کر کے اسے قابل رحم بنانے کی کوشش کی جائے۔ یہ ایک معمولی نوکر ہے جس میں مضحکہ یا ہمدردی پیدا کرنے والی کوئی صفت نہیں ہے۔ خادم کے ہاتھ میں دوا کا پیکٹ اور شیشی ہے۔)

خادم　: بیگم صاحب۔ نواب صاحب نے دوا بھیجی ہے۔

(بیگم دوا لے لیتی ہے۔)

خادم　: (سلیم سے) آپ کو منظور میاں بلا رہے ہیں۔

سلیم　: ابھی آتا ہوں۔

خادم　: انھوں نے کہا ہے کہ ساتھ ہی لے کر آنا۔

سلیم　: اچھا۔

(سلیم چلا جاتا ہے۔)

دوسرا سین

(منظور کی اسٹڈی کا کمرہ۔ نہایت آراستہ و پیراستہ۔ لکھنے کی بھاری میز کے سامنے گھومنے والی کرسی پر منظور بیٹھا ہوا ہے۔ دونوں طرف مختلف فائل اور کاغذات ہیں جن پر خوش رنگ پیپر ویٹ ہیں، بیچ میں نیلے رنگ کے شیڈ کا ایک ٹیبل لیمپ رکھا ہے۔ اس کے برابر قلم دان اور دوسری مختلف چیزیں آفس کی گھنٹی وغیرہ ہیں۔ برابر ہی چھوٹا سا شلف کتابوں سے پر ہے۔ دوسری طرف ایک چھوٹی سی میز پر مختلف کتابیں جن میں دو ایک کھلی ہوئی رکھی ہیں۔ یہ سب کتابیں بہت ضخیم ہیں اور قانون کے مختلف موضوعات پر ہیں۔ جس وقت سلیم داخل ہوتا ہے منظور کا ٹیبل لیمپ روشن ہو چکا ہے اور وہ اپنے ہاتھ میں ایک قلم لیے ہوئے ہے اور اس کا اوپری حصہ اس کے گال کو چھو رہا ہے۔ اس کے سامنے ایک فائل ہے۔ کپڑے اس وقت سادہ پہنے ہوئے ہے۔ اسٹیر پہن رکھا ہے نائٹ کیپ برابر میز پر رکھی ہے۔ چشمہ لائبرتری ریم کا لگا ہوا ہے۔

میز کے سامنے دو کرسیاں پڑی ہوئی ہیں اور ایک کرسی دائیں طرف اور اوپر سے

روشن دانوں میں ہلکی روشنی ہے جو اس اثنا میں مدھم ہو جاتی ہے اور بعد کو بجلی اور بارش کے اثرات انھیں کے ذریعہ دکھائی دیتے ہیں۔ قدموں کی چاپ ہوتے ہی منظور فائل سے نظریں اٹھاتا ہے، چشمہ اتارتا ہے۔)

منظور :اما آدمی ہو یا افلاطون۔ ڈیڑھ گھنٹے سے تمہیں بلا رہے ہیں۔ ایک بڑا باذوق آدمی آیا تھا۔ تمہاری کچھ تصویروں کا سودا کر دیتے۔

سلیم :مگر مجھے تو ابھی اطلاع ملی۔

منظور :خیر جانے دو۔ تمہاری قسمت؟ میں نے تو اسے اتنی دیر روکے رکھا کہ شاید تم آ جاؤ۔ بھئی بات یہ ہے کہ یہ ہیں شہر کے مشہور رئیس بابو جگن ناتھ شراب کی ہول سیل کی دکان ہے۔ درآمد برآمد کاروبار ہے۔ اس قصبے سے گزر رہے تھے مجھ سے ملنے چلے آئے تھے۔ بڑا خوش مزاج آدمی ہے یار۔

سلیم :سچ؟

منظور :اس کا ڈرائنگ روم دیکھو گے تو طبیعت خوش ہو جائے گی۔ بڑے بڑے فن کاروں کے شاہکار ملیں گے۔ میں نے "امرت سہگل" کی سب سے پہلی تصویر اسی کے ڈرائنگ روم میں دیکھی تھی اور ہاں ریحانہ کی تصویر بنائی تم نے؟

سلیم :(سگریٹ منھ کو لگاتے ہوئے) نہیں۔

(بادل کی گرج اور کڑک سنائی دیتی ہے۔ روشن دانوں سے یہ باہر کا سماں دکھائی دیتا ہے۔ بارش ہونے لگتی ہے اور اس کی بوندیں روشندانوں کے ذریعہ اندر بھی آنے لگتی ہیں۔)

منظور :کیوں؟

سلیم :منظور سن رہے ہو بادل کس زور و شور سے گرج رہے ہیں۔

منظور : روشن دان بند کر دوں۔

(خادم دوڑتا ہوا اندر آتا ہے۔)

خادم : حضور، حضور۔

منظور : (اس سے پہلے کہ خادم کچھ کہے) روشن دان بند کر و خادم۔

(خادم ڈوری کھینچ دیتا ہے اور روشن دان بند کر دیتا ہے۔)

خادم : حضور سونے کے کمرے کی چھت ٹپکنے لگی ہے۔

منظور : بے وقوف کہیں کے، اس وقت کیا کیا جا سکتا ہے۔ ضروری چیزیں اس جگہ سے ہٹا دو (خادم جانے لگتا ہے) اور سنو (سلیم کی طرف مخاطب ہو کر) میں سمجھتا ہوں ٹھنڈ کافی ہے ہاتھ تمہارے بھی ٹھٹھر رہے ہیں۔

سلیم : کیوں؟

منظور : ہاں دو پیالی چائے چاہئے۔ تم یہ کام کرو۔ ریحانہ بی بی سے کہہ دینا دے جائیں گی۔

خادم : بہت اچھا حضور۔

(جاتا ہے۔)

(سلیم کے چہرے کے سامنے سے گویا ایک سایہ گزر جاتا ہے۔)

منظور : ہاں تو سلیم صاحب۔ آپ نے وہ تصویر نہیں بنائی وہ بات ادھوری رہ گئی۔

سلیم : جی نہیں۔

منظور : مگر کیوں نہیں بنائی؟ یہی تو پوچھتا ہوں۔

سلیم : (لائٹر سے سگریٹ جلاتا ہے) تمہیں معلوم نہیں ریحانہ بہن کی طبیعت خراب ہو گئی تھی۔

منظور : (ایک خشونت کے ساتھ) وہی دورہ پڑ گیا ہو گا۔ یہی بات ہے نا؟

سلیم :ہاں وہ کافی دیر تک بے ہوش رہیں۔ تمہیں کوئی فکر نہیں۔

منظور :(سامنے لگے ہوئے کلنڈر کو دیکھتے ہوئے) نہیں کنواری لڑکیوں کے اختلاج کے دورے ڈھکوسلے ہوتے ہیں۔ نرے ڈھکوسلے۔

سلیم :تم یہ کہہ رہے ہو منظور؟

منظور :ہاں سلیم۔ تم اس گھر کو پہچانتے نہیں۔

سلیم :یہ بات تو اس سے پہلے بھی سن چکا ہوں۔ تم پہچانتے ہو شاید۔ میں تم سے پوچھتا ہوں آخر تم اس کی شادی کیوں نہیں کر دیتے؟

منظور :میں؟ اونہہ، میں شادی کرنے والا کون؟ تم نواب صاحب کو فراموش کر رہے ہو سلیم۔

سلیم :جی نہیں۔ تم ہر ایک بات میں اپنے اختیار پر ناز کرتے ہو۔ یہ اعلیٰ سگرٹوں کے ٹن، یہ سگاروں کے ڈبے۔ یہ تکلفات کے انبار، تمہاری ڈنر پارٹیاں اور شکار کی ضیافتیں تم بااختیار ہو مگر جب ایک لڑکی کو اس کا حق دینے کا سوال اٹھتا ہے تو۔۔۔

منظور :میں اس کے حق سے انکاری نہیں۔

سلیم :میں اقرار انکار کا سوال نہیں کرتا۔ میں مسئلے پر جذباتی بن کر غور نہیں کر رہا ہوں۔ جذباتی کو میں اندھا سمجھتا ہوں۔

منظور :اخلاقی نقطہ نظر سے؟

سلیم :(بات کاٹ کر) نہیں میں تمہاری اخلاقی قدروں کو تسلیم نہیں کرتا۔ آگ لگاؤ ان اخلاقی قدروں کو ایک بچے کی نازک پیٹھ پر باپ کے بیجا حق کا بوجھ رکھتی ہیں اور اسے قربان کر دیتی ہیں۔ چھوٹے کو بڑے کی قربان گاہ پر نذر کر دیتی ہیں۔ میں سیدھی بات جانتا ہوں کہ انسان آزادی کا حق رکھتا ہے اور عورت انسان ہے اسے تم ہاتھ پیر باندھ کر

رکھ رہے ہو۔

منظور : نہیں سلیم، میں نے کسی کے ہاتھ پیر نہیں باندھے۔

سلیم : (سگریٹ کا ایک کش لیتا ہے) سوال یہ ہے کہ تم ریحانہ کی شادی کیوں نہیں کرتے؟

منظور : بات یہ ہے سلیم۔ تم نے جب تذکرہ چھیڑا ہے تو سنو۔

سلیم : کہو۔

منظور : پہلی بات تو یہ ہے کہ اس کا کوئی ڈھنگ کا پیام ہی نہیں آتا۔ تم چاہتے ہو کہ میں بھائی ہو کر کسی ایسے ویسے جاگیر دار کے ہاتھ سونپ دوں جس کی آمدنی کا کوئی بھروسہ نہ ہو، جس کی ذات پات میں کھوٹ ہو اور جو ہماری سی عزت و قار نہ رکھتا ہو۔

سلیم : (ہنس کر) نہیں۔ منظور بھائی تمہارے ذات پات کے ڈھکوسلے نہ جائیں گے۔

منظور : میں سماج میں رہ کر باغی نہ ہو سکوں گا۔ میں تمہاری طرح عورت کی بے راہ روی اور مزاج کا قائل نہیں ہوں۔ عورت ایک ہیرا ہے اور اسے محفوظ ہونا چاہئے۔

سلیم : الفاظ۔ محض الفاظ۔

منظور : اس کے علاوہ تم میری مالی حالت دیکھتے ہو۔ شادی وہ چیز ہے جس کے لیے وافر روپیہ کی ضرورت ہوتی ہے اور میرے پاس روپیہ نہیں۔ شاید تم کہہ دو کہ اپنے خرچ کے لیے میرے پاس روپیہ ہے مگر ریحانہ کے لیے نہیں کہہ سکتے ہو۔ مگر مجھے ایک گھر کی ناموس برقرار رکھنا ہے۔ آج بگھی بیچ ڈالوں قصبہ بھر میں نوابوں کے گھرانے کا نام ڈوب جائے گا آج کوٹھی کے ساز و سامان پر وہ ویرانی رکھو جو حرم سرا میں ہے تو لوگ میرے گریبان میں تھوکیں۔

سلیم : اور اگر زہرہ سے۔

منظور : میں بھولا۔ تم میرے اس راز سے بھی واقف ہو۔ (مسکراتا ہے مگر یہ فکر آلود ہے)ہاں اگر زہرہ کے پاس نہ جاؤں تو میرا دماغ اس پاگل خانے میں کس طرح کام کرے۔ ایک ستر سالہ بوڑھا جو ایک نئے رومان میں مبتلا ہے۔ عظیمہ کا خط تم نے بھی سنا ہو گا اور ایک ۶۵ سالہ بڑھیا جو دمے کے دائمی اور مہلک مرض میں مبتلا ہے اور ایک اختلاجی لڑکی۔۔۔ اور زہرہ میری زندگی کا اکیلا راز ہے۔ وہ گاتی ہے۔ وہ ناچتی ہے۔ وہ مجھے سکون اور محبت کے سارے خزانے بخش دیتی ہے اور کچھ نہیں لیتی۔ وہ مجھ پر اپنی کوئی ذمہ داری نہیں ڈالتی روپیہ اور صرف۔ اس کے سوا کچھ نہیں۔ اگر وہ مجھے نہ ملی ہوتی تو اس جاگیر میں کتنے لوٹتے اور اس محل میں لاشیں سڑا کرتیں۔

سلیم : میں جانتا ہوں۔ تم جاگیر دار ہو۔ پھر کیوں گھر والوں کو سالہا سال سے دالیں کھانا پڑ رہی ہیں اور یہ گیہوں چنے کی روٹیاں، تم دو بندوں کو اچھی طرح نہیں رکھ سکتے۔ تم ایک ماں کو تندرستی نہیں دے سکتے۔ تم ایک لڑکی کو مسرت نہیں دے سکتے (پھر کچھ سوچ کر وہی سلسلہ شروع کر دیتا ہے) مگر ریحانہ کا وہ سوال ہے جس کا تم نے جواب نہیں یا۔

منظور : اور کیا جواب دوں۔

سلیم : اور اگر میں یہ کہہ دوں کہ تم ذات کی کھوٹ اور خاندان کی عزت کے لیے نہیں بلکہ۔

منظور : اور کیا چیز ہو سکتی ہے؟

سلیم : اس لیے کہ تمہاری جاگیر کا حصہ تقسیم ہو جائے گا۔ تمہیں کھانے پکانے لیے ماما اور کام کاج کے لیے نوکرانی رکھنا پڑے گی، تم خالص لالچ اور ذاتی نفع کے خیال سے اس کی شادی نہیں کر رہے ہو۔

منظور : (ہنس دیتا ہے) کہہ سکتے ہو۔

(اتنے میں قدموں کی چاپ ہوتی ہے اور ریحانہ چائے کی ٹرے لیے داخل ہوتی ہے۔ کپڑے اور حلیہ وہی ہے جو پہلے ایکٹ میں تھا۔ صرف ذرا بھیگ گئی ہے بالوں میں پانی کے قطرے چمک رہے ہیں۔ منظور اسی طرح بیٹھا رہتا ہے۔ صرف ذرا فائل کی طرف توجہ کرنے لگتا ہے۔ سلیم کے چہرے سے رنگ اڑ جاتا ہے۔ وہ آتی ہے۔)

ریحانہ : بھائی جان چائے کہاں رکھوں؟ چاروں طرف تو کتابیں بکھیر رکھی ہیں آپ نے۔

منظور : (دو تین فائلیں ہٹا لیتا ہے) یہاں رکھ دو۔

(چائے رکھ دیتی ہے اور برابر والی کرسی پر بیٹھ جاتی ہے۔)

سلیم : ریحانہ بہن کیا بارش ابھی تک ہو رہی ہے۔

ریحانہ : اوہ! کچھ نہ پوچھئے۔ قیامت کا طوفان ہے۔

سلیم : سچ۔

ریحانہ : آپ بال دیکھ رہے ہیں میرے، ان میں تمام پانی بھر گیا ہے، اب جا کر چائے پیوں گی۔

سلیم : یہیں کیوں نہیں پی لیتیں۔

منظور : (جیسے بات سنی ہی نہ ہو) بھئی ریحانہ تمہاری خاطر کے لیے تو یہ کیک اور بسکٹ بھی لے آئیں۔

ریحانہ : مجھے تو معلوم بھی نہ تھا کہ سلیم بھائی یہاں ہیں۔

سلیم : ہاں بھئی بارش کی وجہ سے اتنی دیر رکنا پڑا۔ جب چائے آگئی تو تکلف کیسا "لیڈیز ٹو سرو"۔

منظور : (ہنس پڑتا ہے) تم ابھی یورپ سے نہیں لوٹے سلیم۔ میں چائے بناتا ہوں۔

سلیم : (خاموش ہو جاتا ہے اور ایک نظر اور پھر ریحانہ کی طرف دیکھتا ہے۔)

منظور : (چائے بنا کر دیتے ہوئے) لو (چائے کی پیالی سلیم کو دیتا ہے اور پھر کیک کی پلیٹ سلیم کی طرف بڑھاتا ہے) آج تو تم سے بہت دنوں بعد اتنی باتیں ہوئیں۔ ہاں یار یہ تو بتاؤ تم اپنی شادی کب کر رہے ہو؟

سلیم : میں تمہارا مطلب نہیں سمجھا؟

منظور : میں نے کہا تم شادی کب کر رہے ہو؟

سلیم : ہو نہہ۔ ضروری ہے کہ شادی کروں۔

منظور : قطعی۔

سلیم : میں ان ڈھکوسلوں میں یقین نہیں رکھتا۔ اگر شادی سے مراد نکاح بیاہ ہے جس میں چغد کی طرح بیٹھ کر میں بھی فلاں بنت فلاں کو اتنے معجل اور اتنے غیر معجل کے عوض منظور کروں تو میں کبھی شادی نہیں کروں گا۔

منظور : اور کیا کروگے؟

سلیم : ہاں اگر شادی سے مراد ایک عورت کا ہم رفیق ہوتا ہے تو ایک عورت میرے ساتھ ضرور رہے گی۔ تم اسے بھابی بھی کہہ سکتے ہو۔

منظور : پاگل ہو گئے ہو سلیم۔

سلیم : نہیں کوئی غیر معمولی بات تو نہیں۔

منظور : بہت غیر معمولی بات ہے۔ یہاں نہ رہنے پاؤ گے۔

سلیم : نہ رہوں گا، میں ٹوٹ سکتا ہوں، جھک نہیں سکتا۔

(باہر بجلی کی کڑک تیز ہو جاتی ہے اور خادم اندر داخل ہوتا ہے دروازے کا پٹ چھوڑ دیتا ہے جو زور سے بند ہو جاتا ہے۔)

خادم : حضور۔ حضور۔ گاؤں سے منشی جی آئے ہیں۔

منظور : اچھا۔ ان سے کہو بیٹھیں۔ میں ابھی آتا ہوں۔

خادم : بہت اچھا۔

(جاتا ہے۔)

منظور : (چائے کی پیالی ختم کر کے میز پر رکھ دیتا ہے۔ منھ رومال سے پونچھتا ہے) اچھا بھائی سلیم تم چائے پیو، میں اتنے منشی جی سے بات کر آؤں۔

سلیم : ضرور۔

(منظور اٹھ کر چلا جاتا ہے۔ بارش کے قطرے بڑی تیزی سے روشن دان سے ٹکرا رہے ہیں۔)

سلیم : آج بارش نہیں طوفان ہے۔

ریحانہ : سلیم بھائی۔ کیا شادی کے بارے میں آپ کا سچ مچ وہی خیال ہے جو آپ ابھی کہہ رہے تھے۔

سلیم : ہاں ریحانہ میں کہتا ہوں کہ !!۔۔۔ نکاح کے دو بولوں میں آخر رکھا ہی کیا ہے۔ شاید تم سے مجھ کو یہ باتیں نہیں کہنا چاہئیں۔

ریحانہ : نہیں سلیم بھائی۔ اب مجھ عورت پر لڑکیوں جیسی شرم نہیں پھبتی۔

سلیم : شادی یا بے شادی۔ انسان، مرد اور عورت کی آزادی بڑا مسئلہ ہے اسے کردار کی نشو ونما کا موقع ملنا چاہیے۔ اپنے کو بنانے اور طاقتوں کو آزمانے کا موقع ملنا چاہئے۔ تم چائے پیو ریحانہ۔ اب تو ایک پیالہ بھی خالی ہو گیا ہے میں ابھی اسے دھوئے دیتا ہوں۔

(اسے گلاس میں رکھے ہوئے پانی سے دھو لیتا ہے۔ پھر چائے بنانے لگتا ہے۔ اس عرصے میں ریحانہ اس کو خاموش نظروں سے دیکھتی رہتی ہے۔)

ریحانہ : سلیم بھائی۔

سلیم : کیوں ریحانہ۔

(چائے دیتا ہے، وہ پیالی بے خیالی میں تھام لیتی ہے۔)

ریحانہ : کیا واقعی دنیا بہت بڑی ہے؟

سلیم : ہاں ریحانہ بہت بڑی ہے۔۔۔ تم نے الف لیلیٰ پڑھی ہے؟

ریحانہ : نہیں، کچھ کہانیاں سنی ہیں۔

سلیم : سندباد کا سفر سنا ہے۔

ریحانہ : نہیں۔

سلیم : سندباد، بہت بڑا سیاح گزرا ہے۔

ریحانہ : کیا گزرا ہے؟

سلیم : سیاح! ملکوں ملکوں گھومتا پھرتا تھا۔ وہ ایک ویران پہاڑی پر اترا۔ جہاں روزانہ ایک بہت بڑا ہیبت ناک جانور آیا کرتا تھا۔ رخ۔ یہ رخ جانور بہت بڑا تھا۔ جب وہاں سے نکلنے کی کوئی تدبیر نہ بن پڑی۔۔۔ تو سندباد نے ایک گوشت کے ٹکڑے میں خود کو لپیٹ لیا اور وہ رخ اسے گوشت سمجھ کر اڑا لے گیا اور اسے آبادی میں اتار دیا۔

ریحانہ : پوری کہانی سنائیے۔

سلیم : کہانی پوری ہو گئی ریحانہ۔ میرا جی چاہتا ہے ریحانہ کہ میں بھی ایک رخ بن جاؤں۔

ریحانہ : (ہنس پڑتی ہے) آپ واقعی بچے ہیں۔

سلیم : ہاں۔

ریحانہ : الف لیلیٰ کی کہانیاں کوئی بڑے سنا کرتے ہیں۔

سلیم : ہاں۔ مگر تم سندباد بننا نہیں چاہتیں۔ تم ایک ویران پہاڑی پر پڑی ہو۔ اس پہاڑی

کی وادیوں میں لاشیں سڑ رہی ہیں اور گدھ منڈلا رہے ہیں۔

ریحانہ : اور رخ؟

سلیم : ہاں ریحانہ میں رخ بننا چاہتا ہوں۔ میں چاہتا ہوں کہ تم میرے ساتھ چلو۔ میں تمہیں دنیا دکھاؤں گا۔ میں بہتے ہوئے آبشاروں اور کھلتے ہوئے پھولوں کے پس منظر میں تمہاری تصویریں بناؤں گا۔ وہ تصویریں۔۔۔ جنھیں تم چاک نہ کر سکو گی اور تم دنیا پر بہار کے گیت کی طرح چھا جاؤ گی۔۔۔ اوہ! اس دن میں کتنا خوش ہوں گا۔

ریحانہ : کیا آپ سچ کہہ رہے ہیں؟

سلیم : ہاں ریحانہ چلو گی میرے ساتھ۔

ریحانہ : یہ بھی کوئی کہانی ہے۔ بھلا آپ میرے ساتھ اپنی زندگی کیوں خراب کرنے لگے۔

سلیم : نہیں ریحانہ سچ۔

ریحانہ : کیا آپ مجھ سے شادی۔۔۔؟

سلیم : شادی نہیں۔ شادی نہیں۔ تمہیں میرے ساتھ بھاگ کر چلنا ہوگا۔

ریحانہ : یہ کیوں۔ وہ راضی ہو جائیں گے۔

سلیم : ہرگز راضی نہ ہوں گے۔ تم ابھی ان لوگوں کو نہیں جانتیں۔ میرے ساتھ صرف وہی عورت خوش رہ سکے گی جو آگ میں تپ کر آئے گی، جو جہنم پار کر کے آئے گی۔ تم انسان ہو طوفان سے ٹکرا سکتی ہو۔ اگر ٹکرانے کے لیے کچھ نہ ہو تو انسان فولاد نہ بنے موم بن کر پگھل جائے اور اگر ٹکرانے والی چیز طاقتور نہ ہو تو ٹکرانے والے کی توہین ہے۔ میں چاہتا ہوں کہ تم سربلند ہو۔ تم سر اٹھاؤ بادلوں سے اونچا۔ ستاروں سے بھی بلند۔ تم آخر کس لیے ڈرتی ہو۔

ریحانہ :خاندان کی عزت سے۔

سلیم :میں جانتا ہوں خاندان نے تمھیں کون سی عزت دی ہے جس کی عزت کا تم کو اتنا پاس ہو۔ ڈرپوک نہ بنو ریحانہ۔ ظالم اور مظلوم میں کوئی رشتہ نہیں ہوتا اور بزدل کی سزا ہے عمر قید۔ ان ہی بے رحم دیواروں سے راستہ مانگتے مانگتے مر جاؤ گی اور یہ ایک انچ نہ ہٹیں گی۔ اسی قید خانے میں تمہاری جوانی دم توڑ دے گی اور خاندان کی عزت کا دامن بھیگے گا بھی نہیں۔

ریحانہ :اوہ میرے خدا!

سلیم :آج کی رات، اور آج ہی کی رات اس کا فیصلہ ہونا ہے میں آج رات کے دو بجے یہاں سے چلا جاؤں گا۔ میں چور دروازے پر تمہارا انتظار کروں گا، بولو تمہارا کیا فیصلہ ہے ؟

ریحانہ :(سراسیمہ ادھر ادھر دیکھتی ہے، پھر نیچی نظریں کر لیتی ہے) مجھے سوچ لینے دیجئے۔ خدارا مجھے سوچ لینے دیجئے۔

(منظور کا داخلہ)

منظور :کوڑی کام کے نہیں۔ حرام خور کہیں کے۔ جس کام کو بھیجو بہانہ بنا کر لے آتے ہیں۔

سلیم :کیا بات ہوئی؟

منظور :ریحانہ تم جاؤ۔

(ریحانہ جو چائے کے برتن اکٹھا کر رہی تھی چلی جاتی ہے۔)

منظور :بارے میاں وہی الو کے پٹھے منشی جی ہیں ان سے کہا تھا ذرا زہرہ کو بلا لاؤ۔ سوچا تھا تم آئے ہو۔ آج کی رات جشن رہے گا۔

سلیم :پھر کیا خبر لائے؟

منظور :کہتے ہیں گوالیار گئی ہوئی ہے۔ لاحول ولا قوۃ جی چاہتا ہے ان سب کو گولی ماردی جائے۔

(نواب صاحب داخل ہوتے ہیں۔)

(ہاتھ میں تسبیح ہے۔ گھبرائے ہوئے ہیں، بال سونے کی عینک کی گرفت میں پھڑک رہا ہے وہی قیمتی شال اوڑھے ہوئے ہیں۔)

نواب :ارے میاں سلیم تم یہاں بیٹھے ہو۔

سلیم :منظور نے بلالیا تھا۔

نواب :اور وہ عظیمہ کی تصویر بنائی تم نے۔

سلیم :(حیرت سے ان کا منھ تکتا ہے) جی، جی، ابھی تو نہیں۔

نواب :لاحول ولا قوۃ۔ توبہ۔ اس وقت سے بے کار وقت ضائع کر رہے ہو، تصویر ہی بنا لیتے۔

منظور :ابا جان۔ خادم نے سونے والے کمرے سے کچھ سامان ہٹا دیا تھا۔ کمرہ ٹپک رہا ہے۔

نواب :(گرج کر) میرا اس گھر میں کوئی سامان نہیں (سلیم سے) عظیمہ کی تصویر کہاں ہے سلیم۔

(سلیم میز سے تصویر اٹھا کر دیتا ہے وہ تسبیح والے ہاتھ سے تصویر سنبھال لیتے ہیں۔)

نواب :بس اب مجھے کچھ نہیں چاہئے۔

(باہر چلے جاتے ہیں۔ بادل کی گرج اور بجلی کی کڑک اور بھی تیز ہو جاتی ہے۔)

تیسرا سین

(رات کی تاریکی چھائی ہے۔ دالان کے اندر کا کمرہ جس پر ایک پلنگ پر شاہانہ بیگم سو رہی ہے اور دوسرے پلنگ پر ریحانہ لیٹی ہوئی ہے، سرہانے بڑا مدھم اور دھندلا بلب روشن ہے، کمرہ سیلا ہوا ہے ایک طرف مچان پر کچھ صندوق اور کپڑے اور گٹھریاں ہیں۔ ایک طرف نماز پڑھنے کی چوکی بچھی ہوئی ہے اور اس پر ایک لوٹا رکھا ہوا ہے دوسری طرف کپڑے ٹانگنے کی کھونٹیاں ہیں اوپر ایک چھوٹے سے مچان پر قرآن مجید رکھا ہوا ہے، ریحانہ کے پلنگ کے ایک طرف وہ تصویر پھٹی پڑی ہوئی ہے جو سلیم نے بنائی تھی۔ ریحانہ صاف شفاف کپڑے پہنے ہوئے، بال بھی سلیقے کے ساتھ بنے گئے ہیں، بیگم صاحبہ کو کبھی کبھی رہتی ہے تو ریحانہ کروٹ بدلتی ہے۔ ایک طرف سنگھار میز اور اس پر ایک بڑا آئینہ رکھا ہوا ہے۔)

بیگم : ابھی بجلی بند نہیں کی ریحانہ بیٹی!

ریحانہ : امی تمہیں کھانسی بہت اٹھ رہی ہے نا۔ اسی سے جلتی رہنے دی۔ تم آرام سے سو جاؤ۔

بیگم : اری پگلی۔ کھانسی تو دم کے ساتھ ہے۔ تو ابھی تک سوئی نہیں۔

ریحانہ : مجھے نیند نہیں آتی امی۔

بیگم : سو جا بیٹی تیری طبیعت خراب ہو جائے گی۔ آج صبح ہی دورہ پڑ چکا ہے۔

(رضائی میں منھ لپیٹ کر کروٹ بدل لیتی ہے۔ دورے کے لفظ پر پس منظر کی چونکا دینے والی موسیقی شروع ہوتی ہے۔)

ریحانہ : دورہ پڑ جائے گا۔ دورہ پڑ جائے گا (آہستہ سے پلنگ سے اٹھتی ہے اور بڑے آئینے کے سامنے جا کر کھڑی ہو جاتی ہے اور غور سے اپنی شکل آئینے میں دیکھنے لگتی ہے۔

پیچھے سے آواز آتی ہے۔) ریحانہ تمہارے پاس رکھا ہی کیا ہے۔ تندرستی مٹ چکی ہے۔ جوانی ختم ہو گئی۔ خوبصورتی (ہنستی ہے) خوبصورتی نے بدصورتی اور بڑھاپے کا روپ لے لیا۔ کس بھروسے پر کسی کے ہاتھ میں ہاتھ دو گی۔ کس آسرے پر۔

بیگم :(پھر کروٹ لیتی ہے) ریحانہ بیٹی۔ دروازہ بند کرنا نہ بھول جانا۔

ریحانہ :اچھا امی۔ بھلا میں کبھی دروازہ بند کرنا بھولتی ہوں۔

بیگم :نہیں بھولتی تو نہیں کبھی۔ پر یاد دلا دینا تو اچھا ہوتا ہے۔ خدا تجھے خوش رکھے۔

(رضائی میں منھ لپیٹ کر دوسری کروٹ بدل لیتی ہیں۔ پس منظر میں ہلکی سی موسیقی ابھرتی ہے جس میں شہنائی کی آواز بھی شامل ہے جو کہیں دور بج رہی ہے۔)

ریحانہ :(بڑبڑاتی ہے) تجھے اچھا رکھے خوش رکھے۔

(ہلکے قدم اٹھاتی ہوئی اپنے پلنگ پر آتی ہے۔ وہ تصویر اٹھا لیتی ہے جو ادھوری رہ گئی ہے اور جسے اس نے سروتے سے چیر دیا تھا۔ پھر آپ ہی آپ ہنستی ہے۔ پس منظر کی آواز پر چھا جاتی ہے۔)

آواز :یہ تم نے کیا کیا سلیم۔ اتنی بڑی دولت بے کہے بے مانگے میری گود میں ڈال دی۔ ساری دنیا کے دروازے میرے لیے کھول دیے۔ میرے در پر پہلی بار اور آخری بار محبت نے دستک دی۔ میں بھی جیوں گی میں بھی زندگی کو خوشیوں سے بھر دوں گی۔ کوئی کچھ بھی کہے مجھے کیا! میں جاؤں گی۔ میں اس بار دروازہ بند نہیں کروں گی۔ ہر رات میں دروازہ بند کرتی رہی ہوں۔ آج نہیں۔ آج ہر گز نہیں۔

(پس منظر کی موسیقی چھنا کے کے ساتھ ختم ہو جاتی ہے۔)

بیگم :آج تو سوئے گی نہیں؟

ریحانہ :نیند نہیں آرہی تھی میں نے سوچا ذرا منھ دھو لوں طبیعت ٹھیک ہو جائیگی!

بیگم   : جب تک تو نہیں سوتی مجھے بھی نیند نہیں آتی۔

ریحانہ   : مجھے کب تک ساتھ باندھے باندھے پھرو گی امی۔ مجھ سے اتنی محبت نہ کرو کہ مجھے جینا دوبھر ہو جائے۔

بیگم   : ٹھیک ہی تو کہتی ہے مجھے تو کتنا ارمان تھا کہ تجھے پیار سے رخصت کرتی مگر کیا کروں بچی، قسمت کا کس سے بس چلا ہے (کھانسی دیر تک) میری زندگی میں خوشی کہاں۔

ریحانہ   : ٹھیک ہی تو ہے امی۔ عورت سب کچھ قربان کرنے کے لیے ہی تو بنی ہے وہ خود کوئی قربانی نہیں مانگتی۔

بیگم   : کیا الٹی سیدھی باتیں سوچنے لگی۔ جا۔ سو جا۔ میں بھی سوتی ہوں۔
(پھر رضائی سے منھ لپیٹ کر کروٹ لے لیتی ہے۔)

ریحانہ   : امی۔

بیگم   : کیا ہے؟ پھر باتیں شروع کر دیں۔

ریحانہ   : آج رات سلیم بھائی جا رہے ہیں۔

بیگم   : ہاں شام کو رخصت لینے آیا تھا۔ بڑا اچھا لڑکا ہے میرے دل سے سدا اس کے لیے دعا نکلتی ہے۔ خدا کرے ہمیشہ خوش رہے۔ خدا کرے اسی کی طرح کوئی قابل اور خوبصورت بیوی ملے۔

ریحانہ   : اور انھوں نے قابل اور خوبصورت کی جگہ پھوہڑ، بدصورت اور جاہل لڑکی کو پسند کیا تو؟

بیگم   : خدا نہ کرے وہ کوئی پاگل ہے۔

ریحانہ   : تم نے سنا نہیں۔ فاروقی صاحب کا لڑکا تو ولایت پاس کر کے آیا تھا۔ پانسو۔ سات سو روپیہ کی آمدنی بھی ہے اس نے تو اپنی رفو سے شادی کی ہے۔

بیگم :رفو کی عمر کیا ہو گی؟

ریحانہ :میری سی عمر ہو گی اس کی۔ پڑھی لکھی تو بس یونہی سی ہے قرآن مجید تو اسے تم ہی نے ختم کرایا تھا امی، کچھ یونہی سی اردو لکھ پڑھ لیتی ہے۔

بیگم :ہاں بیٹی قسمت کے کھیل ہیں۔

ریحانہ :اور رفو کو کوئی کہتا ہے مرگی کے دورے پڑتے ہیں۔

بیگم :ہاں جج صاحب کے لڑکے کے ساتھ بڑا ظلم ہوا۔ اپنی رفو کو ایسا نہ چاہئے تھا۔ وہ لڑکا اس کا اتنا خیال رکھتا تھا تو اس کی زندگی اس طرح تباہ نہ کرنی تھی۔

ریحانہ :مگر امی اس لڑکے نے تو خود کہا تھا۔

بیگم :اس نے اچھا کیا تھا مگر رفو کا بھی کچھ فرض تھا۔ اسے تو کچھ سوچنا چاہئے تھا۔

ریحانہ :(اعصابی تشنج کے آثار، آواز کچھ بلند) کیا سوچنا چاہئے تھا اسے یہی کہ وہ آرام سے زندگی نہ گزارے، وہ عمر بھر تڑپ تڑپ کر، بلک بلک کر جان دیتی رہے۔ وہ آزادی کا سانس نہ لے۔ وہ کبھی تازہ ہوا کا سانس نہ لے۔ اس نے بڑا پاپ کیا تا کہ جج صاحب کے لڑکے کے ساتھ بھاگ گئی۔ جیتے جی گھر کی دیواروں میں چنی رہتی تو بڑا ثواب ہوتا۔

بیگم :(حیرت سے) بیٹی۔

ریحانہ :ٹھیک کہہ رہی ہوں نا؟

بیگم :نہیں میں تو یہ کہہ رہی تھی کہ اسے لڑکے کا بھی دھیان کرنا چاہئے تھا۔

ریحانہ :کیا دھیان کرنا چاہئے تھا۔

بیگم :رفو ادھیڑ تھی۔ بیمار تھی۔ ان پڑھ تھی۔ اس کے لڑکے نے اپنی شرافت میں اسے پسند کیا اور اپنا سکھ چین رفو پر قربان کرنے پر راضی ہو گیا۔

ریحانہ :تو اس میں رفو کا کیا قصور ہے؟

بیگم : اس نے اپنی خوشی کے لیے جج صاحب کے لڑکے کی خوشی قربان کر دی نا، تو سمجھتی ہے وہ اس کے ساتھ خوش رہ سکے گا۔ وہ ان پڑھ، بیمار، بوڑھی بیوی کو گلے میں باندھ کر کب تک خوش رہ سکے گا۔ رفو گردن کا طوق بن جائے گی۔ وہ پاؤں کی بیڑی بن جائے گی۔ یہ بات ٹھیک ہے نا؟

ریحانہ : میری سمجھ میں کچھ نہیں آتا۔ میری کچھ بھی سمجھ میں نہیں آتا۔
بیگم : اچھا اب بہت باتیں ہو چکیں اب مجھے سونے دے۔

(پھر رضائی میں منہ لپیٹ کر کروٹ لے لیتی ہے۔ ریحانہ پھر آہستہ آہستہ پلنگ سے اٹھتی ہے اور آئینہ کے سامنے دوبارہ آ کر کھڑی ہو جاتی ہے وہ دیر تک اسے گھورتی رہتی ہے۔ پیچھے سے اس کے لہجے میں، مگر ذرا بھاری آواز میں کوئی کہتا ہے۔)

آواز : بوڑھی۔

(ریحانہ تکلیف سے اثبات میں سر ہلا دیتی ہے۔)

آواز : بیمار۔

(ریحانہ پھر سر ہلا دیتی ہے۔)

آواز : وہ دورے جو تمہیں بار بار پڑتے ہیں اور سارے گھر کو پریشان کر دیتے ہیں وہ تمہاری زندگی کے ساتھ ہیں۔

(ریحانہ بے قراری اور کرب کی حالت میں اسی طرح کھڑی رہتی ہے۔)

آواز : ان پڑھ۔۔ جاہل۔۔۔ ایک کمزور لمحے میں اس نے تمہیں بلایا۔ اس کا مطلب یہ تو نہیں کہ تم اپنے بیمار۔ بدصورت اور ان پڑھ وجود سے اس کی زندگی تباہ کر دو۔ تم اسے کیا دے سکو گی۔ اسے اتنی بڑی سزا نہ دو۔ خدارا اسے پیار کی اتنی بڑی سزا نہ دو۔ (ریحانہ

دونوں ہاتھوں سے کان بند کر لیتی ہے) تم تو انھیں دیواروں میں گھٹ گھٹ کر مر جانے کے لیے پیدا ہوئی ہو۔ تم ایک لاش ہو۔ لاشوں کو یہ حق نہیں پہنچتا کہ وہ زندہ انسانوں کے گلے کا طوق بن جائیں۔

(تھوڑی دیر تک ریحانہ اپنے پلنگ پر دونوں ہاتھوں سے اپنا منھ چھپا کر بیٹھی رہتی ہے۔ سسکی کی آواز کبھی کبھی سنائی دیتی ہے شاہانہ بیگم اسی طرح بے خبر پڑی رہی ہیں۔ پھر ذرا ہمت اور عزم کے ساتھ چہرے سے دونوں ہاتھ ہٹاتی ہے۔ سفید دوپٹے کے آنچل سے آنسو پونچھتی ہے۔ بستر میں تکیے کے نیچے سے کنجی نکالتی ہے اور ارادہ اور قوت کے ساتھ قدم اٹھاتی ہے۔ اتنے میں گھنٹہ دو بجاتا ہے جس کی جھن جھناہٹ دیر تک قائم رہتی ہے۔

آہستہ آہستہ قدم بڑھاتی ہوئی دہ کمرے سے باہر نکلتی ہے۔ ہر قدم پر پیانو کے مدھم سر سنائی دیتے ہیں۔ دالان والے دروازے کی بجلی ابھی تک جل رہی ہے۔ آہستہ آہستہ چلتی ہوئی اس دروازے تک پہنچتی ہے۔ آنچل سے دوبارہ آنسو خشک کرتی ہے۔ آنگن اور دالان کی طرف نگاہ واپسیں ڈالتی ہے۔ دروازے کے اندر داخل ہو کر دو قدم آگے بڑھتی ہے اور لوٹ آتی ہے۔ ایسے قدموں سے جیسے کوئی مردہ چل رہا ہو۔ بجلی بجھاتی ہے۔ دروازہ بند کرتی ہے اور اس کی گنڈی میں پڑے ہوئے نالے کو اٹھا کر بند کر دیتی ہے۔ پھر چند لمحے کے لیے اس سے سہارا لے کر روتی رہتی ہے۔ پس منظر میں غمناک موسیقی اور دالان کے اندر والے کمرے سے آتی ہوئی مدھم روشنی اس منظر کو اور زیادہ ویران والمناک بنا دیتی ہے۔

پھر آہستہ آہستہ پلنگ پر واپس آتی ہے۔ پلنگ پر بیٹھتی ہے اتنے میں شاہانہ بیگم کی آنکھ کھل جاتی ہے۔)

بیگم : کیا ہے ریحانہ۔ کیا ہے بیٹی؟

ریحانہ : (رندھی ہوئی آواز میں) کچھ نہیں امی دروازہ بند کرنے گئی تھی۔ میں نے بند کر دیا دروازہ۔

(دور بگھی کے پہیوں کی آواز سنائی دیتی ہے اور اسٹیج روشنیاں بجھنی شروع ہو جاتی ہیں۔ پردہ آہستہ آہستہ گرتا ہے اور سارا اسٹیج اندھیرے میں دفن ہو جاتا ہے۔

٭ ٭ ٭

سچ کا زہر

ڈاکٹر محمد حسن

کورس :سچ مرا دیوتا
سچ ہے انجیل، قرآن، گیتا، خدا
سچ ہے سقراط، عیسیٰ، محمدؐ
سچ شہیدوں کا خوں پیار کا حوصلہ!
سچ ہے خون کا وہ قطرہ جو مصلوب ہے جس کا سر سولیوں پر چڑھا
بے گناہی کی پاداش میں
زندگی! زندگی!! چیختا
مر رہا ہے
سچ ہے زہریلی ناگن جو ڈستی ہے انسان کے صبر وسکون کو کہ پھر زندگی بھر تڑپتے گزرتی ہے اور ایک کانٹا نہیں ایک بھالا۔ نہیں ایک تلوار ہے جس کو تم نے پکارا ضمیر اس کو مانو
سچ وہ بچہ ہے جس کا سر و سینہ نیزوں کی نوکوں سے مجروح ہے پھر بھی ہونٹوں پہ ایک ہلکی مسکان سی ناچتی ہے
وہ سچ اب کہاں ہے

چلو ہم اسے آج دنیا میں ڈھونڈھیں کہیں دیکھو سقراط کی طرح وہ قید خانے میں بیٹھا

زہر کا پیالہ پیتا نہ ہو

کہیں شاہراہوں پہ وہ

کسی تنگ و تاریک چوراہے پر

پرانی سولی پر لٹکا نہ ہو اور

اس کی ہتھیلی میں کیلوں کے سوراخ ہوں

وہ شاید کسی کربلا میں

کسی شمر کے خنجروں کے تلے

خون میں لتھڑا ہوا

زندگی کے لئے خون بہا دے رہا ہو

جسے آج سچ سے محبت ہو اب بھی

مرے ساتھ آئے

قبل اس کے کہ جھوٹ آئے اور

ہم سب کو نگل لے

ہیرا لال : مجھے سزا دیجئے سپرنٹنڈنٹ صاحب۔ مجھے سزا دیجئے۔ آپ نہیں جانتے میں کون ہوں۔ میرا نام ہے ہیرا لال میں آپ کے شہر کے ہر چوراہے پر پچھلے دس سال سے زہر بیچ رہا ہوں۔ جی ہاں زہر! ہر روز چوراہے پر سیکڑوں آدمی میری چکنی چپڑی باتیں سنتے رہتے ہیں۔ میں کبھی تو لکڑ توڑ چورن کے نام پر لسوڑھے کی پسی ہوئی پتیاں بیچتا ہوں۔ کبھی دانتوں کو ہر مرض سے بچانے اور ہر درد کو دور کرنے کا منجن بیچتا ہوں۔ جس

میں پسی ہوئی کھریا کے سوا اور کچھ نہیں ہوتا۔ کبھی ریلوے یارڈ کی مٹی کی پڑیاں باندھ باندھ کر آنکھوں کا سرمہ کہہ کر بیچتا ہوں۔ میں کہتا ہوں میں مجرم ہوں میں نے جنتا کی تندرستی برباد کر کے اپنی جیبیں بھری ہیں۔ مجھے کڑی سے کڑی سزا ملنی چاہئے۔ میں نے پاپ کیا ہے سپرنٹنڈنٹ صاحب! میں پاپی ہوں۔ آپ سن رہے ہیں سپرنٹنڈنٹ صاحب میں سچ کہتا ہوں۔

سپرنٹنڈنٹ :سن رہا ہوں۔

ہیرالال :تو پھر مجھے ہتھکڑی پہنایئے۔ جیل خانے بھیجئے۔ مجھے اپنے پاپ کی سزا ملنی چاہئے۔

سپرنٹنڈنٹ :(گھنٹی بجاتا ہے) ارے کوئی ہے؟

اردلی :سرکار!

سپرنٹنڈنٹ :انھیں باہر نکال دو!

ہیرالال :آپ کیا کر رہے ہیں؟ میں اپنے جرم کی سزا مانگتا ہوں اور آپ مجھے پھر جرم کرنے کے لئے آزاد چھوڑ رہے ہیں۔ میں سچ کہتا ہوں۔ میں پاپی ہوں۔ دھوکے باز ہوں مجھے سزا دیجئے۔

سپرنٹنڈنٹ :دیکھتے کیا ہو۔۔۔لے جاؤ!

اردلی :چلئے!

ہیرالال :میری بات تو سن لیجئے!

سپرنٹنڈنٹ :کیا کوئی اور بات بھی کہنا چاہتے ہو؟

ہیرالال :جی ہاں؟ کیا آپ کے خیال میں یہ کوئی سنگین جرم نہیں ہے۔ لوگوں کو دھوکا دینا، ان کی آنکھوں میں دھول جھونکنا، انھیں طرح طرح کے بھلاوے دینا، کوڑا

کر کٹ کو مرہم اور منجن کا نام دے کر انھیں بیوقوف بنانا، ان کی تندرستی تباہ کرنا دھوکا نہیں ہے ؟

سپرنٹنڈنٹ :ہے۔ضرور ہے۔

ہیرالال :تو آپ کے خیال میں میں سچ نہیں بول رہا ہوں۔

سپرنٹنڈنٹ :سچ کا نام نہ لیجئے۔ میرے سامنے یہ لفظ بھی زبان سے مت نکالئے۔ آپ جانتے ہیں اس شہر میں تین دن سے ہر مرد عورت بچے جوان بوڑھے کو سچ کا بخار چڑھا ہوا ہے۔ ہر آدمی سچ بول رہا ہے۔ اپنے زندگی بھر کے گناہ بیان کر کے ہم سے سزا چاہ رہا ہے آپ جانتے ہیں اس کا کیا نتیجہ ہوا ہے ؟

ہیرالال : کیا کوئی بہت برا نتیجہ نکلا ہے ؟

سپرنٹنڈنٹ :جی ہاں۔ برا اور بہت برا!اس کا نتیجہ یہ ہوا ہے ہیرالال جی کہ ہماری جیل اور حوالات میں تل رکھنے کی جگہ نہیں ہے۔ عدالتوں میں مقدموں کی تعداد دس گنی ہوگئی ہے۔ اسٹامپ اور واٹر مارک بازار سے غائب ہوگئے ہیں اور آپ مجھ سے کہتے ہیں کہ میں آپ کو جیل بھیج دوں۔

ہیرالال : کیا ہمارا شہر پاپیوں اور مجرموں سے بھرا ہوا تھا؟

سپرنٹنڈنٹ :جی ہاں !ایسا ہی معلوم ہوتا ہے۔ کسی کو گمان بھی ہو سکتا تھا کہ اس شہر کا ہر دسواں آدمی پاپی ہے !اس کا نتیجہ ہے کہ ہمارے شہر کی عزت آبرو مٹی میں مل گئی ہے۔ سارا ملک بلکہ یوں کہیئے ساری دنیا اسے پاپیوں کا شہر سمجھتی ہے۔ اس سچ نے ہمیں غارت کر دیا ہے۔ جایئے ہیرالال جی جایئے اس سچ کے چکر میں نہ پڑیئے۔

ہیرالال :ہری اوم!ہری اوم!!ہری اوم!!!

سپرنٹنڈنٹ :ہری اوم کیا ہنومان چالیسا پڑھیئے ہنومان چالیسا!اگر اسی طرح سچ بولتی

رہی جنتا تو مجھے بتایئے کہ دنیا کا کاروبار کیسے چلے گا۔

ہیرالال : تو آپ کے خیال میں دنیا جھوٹ کے سہارے چلتی ہے ؟

سپرنٹنڈنٹ : جی ہاں، بالکل یہی خیال ہے میرا۔ دیکھئے جب سے اس شہر پر سچ بولنے کا دورہ پڑا ہے وکیلوں کے گھر فاقے ہو رہے ہیں۔ ان کے بیوی بچے بھوک سے تڑپ رہے ہیں۔

ہیرالال : کیوں ؟

سپرنٹنڈنٹ : اس لئے کہ ان کے گھر والے جھوٹ بولنے کو تیار نہیں ہیں۔ ان کے موکل جھوٹ بولنے کو تیار نہیں ہیں۔

ہیرالال : ہری اوم! ہری اوم!!

سپرنٹنڈنٹ : اس لئے کہتا ہوں ہیرالال جی، رام رام کیجئے اور اپنے گھر جایئے۔

ہیرالال : نہیں سپرنٹنڈنٹ صاحب۔ میری آتما کو شانتی نہیں ملے گی۔ مجھے سزا دیجئے۔ مجھے جیل بھیج دیجئے۔

سپرنٹنڈنٹ : جیل میں جگہ نہیں ہے۔ ایسے چھوٹے چھوٹے مجرم کے لئے بالکل جگہ نہیں ہے۔

ہیرالال : سزا مجرم کا پیدائشی حق ہے۔ میں واپس جانے سے انکار کرتا ہوں۔ آپ مجھے اردلیوں سے اٹھوا کر باہر بھی پھنکوا دیں گے تو میں پھر لوٹ آؤں گا۔

سپرنٹنڈنٹ : میں پھر باہر پھنکوا دوں گا۔

ہیرالال : ایسا کیجئے میں انتظار کرتا ہوں۔ مجھے یہیں بیٹھا رہنے دیجئے گا۔ جب حوالات میں جگہ خالی ہو جائے مجھے بھیج دیجئے گا۔

سپرنٹنڈنٹ : کوئی امید نہیں۔

ہیرالال　　:اس میں آپ کا کیا نقصان ہے۔ مجھ پر آپ کی بڑی کرپا ہو گی۔ میں پھر دھوکا دینے کے لئے سزا کے بغیر دنیا میں واپس جانا نہیں چاہتا۔

سپرنٹنڈنٹ　　:اچھا آپ کی مرضی۔ بیک روم میں بیٹھ جایئے۔

ہیرالال　　:شکریہ۔

سپرنٹنڈنٹ　　:اردلی۔۔۔ دیکھو اب کسی کو اندر مت آنے دینا۔

اردلی　:جو حکم سرکار!

سپرنٹنڈنٹ　　:چاہے کوئی کتنا ہی سچ بولے۔ ڈنڈے مار مار کر سب کا سچ نکال دو۔ خبردار جو کسی کو اندر گھسنے دیا!

(تھوڑی دیر بعد اردلی گھبرایا ہوا داخل ہوتا ہے۔)

اردلی　:صاحب! صاحب ڈاکٹر شرما!

ڈاکٹر شرما　　:معاف کیجئے گا سپرنٹنڈنٹ صاحب بغیر اطلاع کے آنا پڑا۔

سپرنٹنڈنٹ　　:ڈاکٹر صاحب۔ آپ شرمندہ کر رہے ہیں۔ آپ کے خادم ہیں۔ فرمایئے کیسے تکلیف فرمائی۔ میں آپ کی کیا سیوا کر سکتا ہوں۔

ڈاکٹر　:پہلی سیوا تو یہ ہے سپرنٹنڈنٹ صاحب کہ مجھے آج سے ڈاکٹر نہ کہئے۔

سپرنٹنڈنٹ　　:تو کیا آپ بھی۔۔۔

ڈاکٹر　:آپ جانتے ہیں آج تک میں نے کیا کیا ہے۔

سپرنٹنڈنٹ　　:میں کیا سارا شہر جانتا ہے۔ ڈاکٹر صاحب۔ آپ نے اس شہر کے بے شمار آدمیوں کو شفا دی ہے۔ اس شہر میں کیا آس پاس کے کئی شہروں میں آپ سے بڑا ڈاکٹر۔۔۔

ڈاکٹر　:مگر اصلیت یہ ہے کہ میں انسانوں کے دکھ درد سے ان کی بیماری آزاری سے

چاندی بناتا رہا ہوں میں نے انسان کے دکھ درد کی تجارت کی ہے۔

سپر نٹنڈنٹ : یہ آپ کیسی باتیں کر رہے ہیں؟

ڈاکٹر : میری بغل میں آئیڈیل فارمیسی کے نام سے دواؤں کی جو دوکان ہے وہ بھی میری ہی ہے آپ جانتے ہیں کیوں؟ اس لئے کہ میں اس دوکان کے ذریعے ذخیرہ اندوزی اور نفع بازی کرنا چاہتا ہوں اس دوکان کو ہر قسم کی دواؤں کے لائسنس مل گئے ہیں اس دوکان کی ساری دوائیں جعلی ہیں ان میں ملاوٹ ہے۔ اسٹر پٹومائی سین میں کھریا پیس کر ملائی گئی ہے۔ اصلی شیشیاں خالی کر کے ان شیشیوں میں ملاوٹ والی دوائیں انجکشن کی سوئی کے ذریعے داخل کی گئی ہیں۔ میں نے اس بے ایمانی کے دھندے سے جنتا کو دھوکا دیا ہے۔

سپر نٹنڈنٹ : ناممکن ہے آپ ایسا دھرماتما یہ سب نہیں کر سکتا۔ آپ نے شہر کی دھرم شالا بنوائی ہے داؤجی کے مندر کے لئے سب سے بڑا دان آپ ہی نے دیا تھا۔ مجھے وشواس نہیں ہوتا۔

ڈاکٹر : میں سچ کہتا ہوں بھگوان کی سوگند کھا کر کہتا ہوں۔

سپر نٹنڈنٹ : آپ جانتے ہیں یہ جرم ہے بہت بڑا جرم ہے۔

ڈاکٹر : جانتا ہوں اور اس جرم کی سزا پانے کے لئے تمہارے پاس آیا ہوں۔

سپر نٹنڈنٹ : سوچ لیجئے ڈاکٹر صاحب۔

ڈاکٹر : اچھی طرح سوچ لیا وشواس کرو۔۔۔ میں وہی ڈاکٹر شرما ہوں جس نے ایک ہزار روپیہ لے کر سیٹھ دلی چند کی بیوی کو زہر کے انجکشن لگائے تھے۔ کیونکہ اس کی زندگی کا بیمہ ہو چکا تھا اور سیٹھ دلی چند میری مدد سے اسے موت کے گھاٹ اتار کر انشورنس کی ساری رقم وصول کرنا چاہتا تھا۔

سپر نٹنڈنٹ : آپ کیا کہہ رہے ہیں؟

ڈاکٹر :جو کچھ کہہ رہا ہوں خدا کو حاضر ناظر جان کر کہہ رہا ہوں۔

سپرنٹنڈنٹ :یہ تو سراسر قتل ہے!

ڈاکٹر :میں نے قتل کیا ہے!

سپرنٹنڈنٹ :تو مجھے آپ کو گرفتار کرنا پڑے گا۔

ڈاکٹر :گرفتار کرو ضرور کرو! بلکہ مجھے پھانسی پر چڑھا دو۔ جب ہی میرا ضمیر تسکین پائے گا جو زندگی جنتا کی سیوا میں کٹنی چاہئے تھی وہ دھوکا اور جعل سازی میں کٹ گئی۔ کتنے جھوٹے سرٹیفکٹ لکھے۔ کتنے جھوٹے پوسٹ مارٹم کی رپورٹیں بنائیں۔ کتنوں کو جان بوجھ کر موت کے گھاٹ اتار دیا۔ مجھے پھانسی ہی ہونی چاہئے۔

سپرنٹنڈنٹ :یہ میرے اختیار میں نہیں ہے۔۔۔ یہ تو بتایئے سیٹھ دلی چند کہاں ہیں ؟

ڈاکٹر :اس نے خودکشی کرلی۔

سپرنٹنڈنٹ :چلئے اچھا ہی ہوا۔ (گھنٹی بجاتا ہے) اردلی! ہتھکڑی لاؤ!

اردلی :یہ لیجئے حضور!

سپرنٹنڈنٹ :مجھے بہت افسوس ہے ڈاکٹر شرما (ہتھکڑی پہناتا ہے) اردلی! سپاہیوں کو بھیجو حوالات سے لے جائیں۔

اردلی :بہت اچھا۔ حضور!

سپرنٹنڈنٹ :اور دیکھو۔ ایک سپاہی کو ہماری کوٹھی پر بھیجو۔ یہ معلوم کر کے آئے کہ میم صاحب مسوری سے آگئیں یا نہیں۔ وہ اپنے بیٹے نریندر سے ملنے مسوری گئی تھیں۔ آج آتی ہوں گی۔

اردلی :بہت اچھا حضور!

(ٹیلیفون کی گھنٹی بجتی ہے، بجتی رہتی ہے سپرنٹنڈنٹ اس کا جواب دیتا ہے۔)

سپرنٹنڈنٹ :ہیلو!۔۔۔ بول رہا ہوں۔۔۔ کیا کہا۔۔۔ دودھ والے تھانے کو گھیرے کھڑے ہیں۔۔۔؟ کیا کہتے ہیں۔۔۔؟ (ہنستا ہے) سزا چاہتے ہیں۔ دودھ میں پانی ملانے کی۔۔۔ کیا کہا؟۔۔۔ نہیں نہیں۔۔۔ جیل میں بالکل جگہ نہیں ہے۔۔۔ پچاس پچاس جوتے لگاؤ اور چھوڑ دو۔ (غصے سے ٹیلیفون کا ریسیور رکھ دیتا ہے) کم بخت سب کے سب اسی مرض میں مبتلا ہیں سچ بولنے کی بیماری! ہونہہ!! بڑے آئے ایماندار کہیں کے!

(باہر سے شور کی آواز آتی ہے۔)

اردلی : نہیں جاسکتے! صاحب کا حکم ہے۔

پرنسپل : مجھے کوئی نہیں روک سکتا!

اردلی : نہیں جانے دوں گا۔ منع کر دیا ہے سنتے نہیں؟

پرنسپل : جانتا ہے کس سے بات کر رہا ہے؟ کالج کے پرنسپل کا راستہ روکتا ہے۔ نالائق!

سپرنٹنڈنٹ :اندر آنے دو۔ پرنسپل صاحب کو اندر آنے دو۔

پرنسپل : نمستے سپرنٹنڈنٹ صاحب!

سپرنٹنڈنٹ :معاف کیجئے گا پرنسپل صاحب میرا اردلی نرا اجڈ ہے۔ بڑا جنگلی ہے کمبخت۔ آدمی دیکھ کے بات نہیں کرتا۔ میں تو خود آپ کے پاس آنے والا تھا۔

پرنسپل : لیجئے میں آگیا اور آگیا لایا گیا ہوں۔

سپرنٹنڈنٹ :پرسوں سے جو واقعات اس شہر میں ہو رہے ہیں۔ ان سے میری عقل چکرا گئی ہے۔ میں آپ جیسے کسی عالم فاضل سے یہ پوچھنا چاہتا ہوں کہ آخر سچ کیا ہے۔ وہ جو مصیبت میں ڈالے یا انسانوں کو مصیبت سے نکالے۔

پرنسپل : یہ میں کچھ نہیں جانتا کپتان صاحب۔ میں تو صرف اتنا جانتا ہوں کہ ضمیر کے

اندر جو کالا ناگ چھپا رہتا ہے۔ آتما کا جو زہر ہے وہی سچ ہے اور آج وہی کالا ناگ مجھے آپ کے پاس تک کھینچ لایا ہے۔

سپرنٹنڈنٹ :تو کیا آپ بھی؟

پرنسپل :میں نہیں جانتا آپ کیا کہنا چاہتے ہیں۔ مجھے جاننے کی ضرورت بھی نہیں ہے۔ میں تو یہ بتانے آیا ہوں کہ جسے آپ عالم فاضل کہتے ہیں۔ علم کا اوتار اور گیان کا دیوتا جانتے ہیں وہ ایک فریبی ہے فراڈ ہے!

سپرنٹنڈنٹ :میں آپ کا مطلب نہیں سمجھا۔

پرنسپل :آج تک میرے کالج میں جتنے لیکچرر رکھے گئے ہیں۔ سب کے سب میرے رشتے دار ہیں یا میرے کسی رشتے دار کے رشتہ دار ہیں۔ ہر جگہ کے لئے ایک سے ایک قابل آدمی نے درخواست دی لیکن کوئی ہماری کسوٹی پر پورا نہیں اترا۔

سپرنٹنڈنٹ :لیکن اس میں آپ کا کیا قصور ہے۔ تقرر سلیکشن کمیٹی کرتی ہے۔

پرنسپل :اور سلیکشن کمیٹی ہم مقرر کرتے ہیں۔ اس کے ممبروں میں ہمیشہ میں نے ان لوگوں کو رکھا ہے جو میری ہاں میں ہاں ملا سکیں جنھیں آموں کے زمانے میں آٹھ دس ٹوکرے آم بجھوا سکوں یا ان سے وصول کر سکوں۔ جن کی کمیٹیوں میں خود جا کر ان کی ہاں میں ہاں ملا سکوں۔ ان سب کو میں نے رشوت سے زیر کر رکھا تھا۔ کنبہ پروری اور جعل سازی کیا پاپ نہیں ہے؟

سپرنٹنڈنٹ :ضرور ہے۔ لیکن آپ نے انٹرویو کر کے تقرر کئے ہیں۔

پرنسپل :انٹرویو بھی فراڈ ہے جس کو لینا ہوتا ہے۔ اس کے ہر جواب پر پورا بورڈ جھوم جاتا ہے۔ میرے کالج کے استاد اس کے نام سے مقالہ لکھتے اور چھپواتے۔ اس کے لئے ریسرچ کا خاکہ تیار کرتے اور کہہ سن کر (Examiner) سے اسے پی ایچ ڈی کی ڈگری دلواتے

تھے۔ یہی نہیں ہماری سانٹھ گانٹھ اوپر بورڈ تک رہتی تھی۔ ہم دوسرے تیسرے سال نصاب کی نئی کتاب اپنے ہی ذمے لے لیتے اور بک سیلروں سے رشوت لے کر پرانی کتاب کی جگہ ان کی کتابیں نصاب میں داخل کر دی جاتی تھیں اور ہمارے وارے نیارے ہو جاتے تھے۔ کیا آپ کے نزدیک یہ پاپ نہیں ہے؟

سپرنٹنڈنٹ : آپ مجھ سے کیا چاہتے ہیں؟

پرنسپل : میں آپ سے سزا چاہتا ہوں۔ کپتان صاحب! سخت سے سخت سزا چاہتا ہوں۔ میں مجرم ہوں۔ میں نے کنبہ پروری نفع خوری اور بے ایمانی ہی نہیں کی ہے۔ میں نے قوم کی امانت میں خیانت کی ہے۔ میں نے آنے والی نسل کی زندگی برباد کر دی ہے۔ انھیں اپنی سیاست میں استعمال کرنے کی غرض سے ان کے گروہ بنا کر انھیں غنڈہ گردی سکھائی۔ انھیں اپنے گروہ کی طاقت بڑھانے کے لئے استعمال کیا ہے۔ میں نے انھیں صرف خود غرضی ہوس اور غنڈہ گردی کی تعلیم دی ہے۔ میں نے انھیں گیان کے نور کے بجائے جہالت کا اندھیرا ہی دیا ہے۔ کیا قوم مجھے سزا نہ دے گی؟ مجھے سزا دیجئے کپتان صاحب سزا دیجئے؟

سپرنٹنڈنٹ : سزا دینا میرے اختیار میں نہیں ہے۔ میں صرف آپ کو گرفتار کر سکتا ہوں۔

پرنسپل : شکریہ! آپ نے میرے دل کا بہت بڑا بوجھ دور کر دیا!

سپرنٹنڈنٹ : (گھنٹی بجاتا ہے) اردلی! ہتھکڑی لگا کے حوالات لے جاؤ!

اردلی : جو حکم حضور!

(پچھلے کمرے سے ہیر الال کی آواز آتی ہے۔)

ہیر الال : میرے لئے کوئی جگہ خالی ہوئی کپتان صاحب؟

سپرنٹنڈنٹ :سن رہے ہو ہیرالال! غضب خدا کا انصاف اور تعلیم ہی پورے سماج میں سب سے اعلیٰ محکمے تھے۔ ان کا یہ حال ہے۔ اے خدا۔ ہے بھگوان!

ہیرالال :تو پھر میرے لئے کیا حکم ہے؟

سپرنٹنڈنٹ :بیٹھے رہیئے خاموشی سے۔

(باہر سے کار کا ہارن سنائی دیتا ہے۔)

اردلی :صاحب! صاحب!!

سپرنٹنڈنٹ :کوئی بھی ہو کسی کو اندر مت آنے دو!

اردلی :مگر صاحب سیٹھ چھبیل داس جی ہیں۔

سپرنٹنڈنٹ :وہ خود!؟

اردلی :جی ہاں وہ خود آئے ہیں اپنی کار میں بیٹھ کر۔ بلاؤں سرکار؟!

سپرنٹنڈنٹ :بلالو۔

سیٹھ :نمسکار۔ کپتان صاحب۔ کہیئے کیا حال ہیں؟

سپرنٹنڈنٹ :نمسکار۔ آپ کی کرپا ہے سیٹھ جی۔ آپ نے کیسے تکلیف کی؟

سیٹھ :آپ کو ذرا سی تکلیف دینی ہے۔

سپرنٹنڈنٹ :جی فرمایئے میں کیا سیوا کر سکتا ہوں؟

سیٹھ :آپ کے پاس دیا سلائی ہوگی؟

سپرنٹنڈنٹ :دیا سلائی؟ جی ہاں یہ لیجئے۔ یہ رہی دیا سلائی!

سیٹھ :میں اپنا آخری سگار جلانا چاہتا ہوں۔ اصلی کرونا ہے۔ آپ بھی پی لیجئے۔

سپرنٹنڈنٹ :شکریہ!

سیٹھ :یہاں نہیں ملتا۔ خاص کیوبا کا بنا ہوا ہے بلکہ اسپیشل میرے ہی لئے بنتا ہے اور

خاص میرے لئے اسمگل ہوتا ہے۔ ورنہ آپ کی سرکار درآمد کرنے دیتی ہے کسی اچھی چیز کو؟

سپرنٹنڈنٹ :اسمگل؟

سیٹھ :جی ہاں۔ سیٹھ چھبیل داس جس نے دھرم شالائیں۔ تین ودھوا آشرم اور پانچ اناتھ آشرم کھولے ہیں۔ آپ کے ملک کے اسمگلر کنگ ہے۔ اسمگلر کنگ!! بڑی حیرانی ہو رہی ہے آپ کو۔ جی ہاں آپ سوچتے ہوں گے جس کے دو روز نامے نکلتے ہیں۔ تین ہفتہ وار اخبار اور پچیس اخبار جس کی تعریف میں روز کوئی نہ کوئی خبر چھاپتے ہیں۔ کیونکہ وہ سب اس کے کارخانوں کے اشتہاروں پر چلتے ہیں۔ وہ شخص جس کے اشارے پر پارلیمنٹ کے ایک دو نہیں دس بارہ ممبر ناچتے ہیں۔ بھلا ایسا آدمی اسمگلر کیسے ہو سکتا ہے؟

سپرنٹنڈنٹ :سگاروں کی اسمگلنگ خاصی بے ضرر چیز ہے!

سیٹھ :جی نہیں صرف سگاروں کی کیوں؟ کوکین کی اسمگلنگ، افیم کی اسمگلنگ، غرض ہر اس چیز کی اسمگلنگ، اناج اور چاول کی اسمگلنگ، دواؤں کی اسمگلنگ غرض ہر چیز کی اسمگلنگ جس کا کاروبار ہو سکتا ہے۔ جو فارن ایکسینج پورے ملک نے خون پسینہ ایک کر کے جمع کیا تھا۔ وہ میں نے پانی کی طرح بہا دیا۔ اگر آپ آج پتہ لگانا چاہیں تو نیویارک، لندن، سوئزر لینڈ کے بنکوں میں میرا حساب ایک نہیں کئی کئی ناموں سے ملے گا۔ یہ سب روپیہ چوری کا ہے۔ یہ سب کھلم کھلا دھوکے بازی کا روپیہ ہے!

سپرنٹنڈنٹ :آپ ٹھیک کہتے ہیں۔

سیٹھ :میرے ذخیروں میں آج بھی لاکھوں من اناج لاکھوں من شکر اور لاکھوں من دوسری ضرورت کی چیزیں جمع ہیں۔۔۔ ان کی قیمتیں چڑھ رہی ہیں۔ جتنا فاقوں سے مر رہی ہے۔ میں اس کے خون سے سونا بنا رہا ہوں۔ مجھے دکھائی دے رہا ہے کہ بنگال کا سا قحط

ایک بار پھر پڑنے والا ہے۔ مہنگائی اپنے پورے زور پر ہے۔ میں لکھ پتی سے کروڑ پتی اور کروڑ پتی سے ارب پتی ہونے والا ہوں۔ لیکن میں باپ کی کمائی کھانا نہیں چاہتا۔ آج میں اپنے گوداموں کی کنجیاں آپ کے حوالے کرنے آیا ہوں۔ یہ لیجئے!!

(کنجیاں دیتا ہے۔)

سپرنٹنڈنٹ :دھنیہ واد! آج میرے دل میں انصاف آ ہی گیا۔

سیٹھ :آج میرے دل کے انصاف سے کیا ہوتا ہے میری پچھلی زندگی کے پاپ تو اس سے نہیں دھل سکتے۔ آپ جانتے ہیں۔ میں نے آج تک کبھی انکم ٹیکس کی پوری کیا آدھی رقم بھی ادا نہیں کی۔ میں مجرم ہوں۔ پاپی ہوں۔ میرے سارے ہی کھاتے جعلی حساب بنانے میں ماہر ہیں۔

سپرنٹنڈنٹ :آپ کو خوشی ہوگی کہ وہ سب ماہرین اپنے آپ کو گرفتاری کے لئے پیش کر چکے ہیں۔

سیٹھ :مجھے معلوم ہے۔ لیکن آپ کو سب معلوم نہیں ہے۔ آپ کو معلوم ہے کہ میری پندرہ بڑی بڑی ملیں اور کارخانے ہیں۔ ان میں پانچ ہزار سے زیادہ مزدور کام کرتے ہیں۔ ان کو اور ان کی یونینوں کو قابو میں رکھنے کے لئے میرے پاس غنڈوں کی ایک فوج ہے۔ جس سے کبھی کبھی میں ہندو مسلم فسادات بھی کراتا ہوں۔ ان ہی غنڈوں میں بعض مشہور ڈکیت ہیں جن کی ڈکیتوں میں مجھے بھی حصہ ملتا ہے۔

سپرنٹنڈنٹ :وہ سب ڈکیت خود کو گرفتار کرا چکے ہیں۔

سیٹھ :مجھے معلوم ہے۔ جس انکم ٹیکس آفیسر نے میرے حسابات کی جانچ پڑتال کر کے بلیک کے روپیہ کی رپورٹ لکھی تھی اور ایک لاکھ روپیہ انکم ٹیکس کی بقایا نکالی تھی۔ آپ جانتے ہیں میں نے اس کا کیا کیا؟

سپر نٹنڈ نٹ :رشوت دی؟

سیٹھ :مگر اس نے رشوت نہیں لی۔

سپر نٹنڈٹ :اسے ڈرایا دھمکایا!

سیٹھ :وہ پھر بھی نہیں مانا۔ میں نے اسے چلتی گاڑی میں قتل کرا دیا۔ مجھے اس طرح نہ دیکھو میں نے اسے قتل کرا دیا۔ سنتے ہو میں نے اسے قتل کرا دیا! میں قاتل ہوں! سیٹھ چھبیل داس قاتل ہے۔ اسے گولی مار دو!!

سپر نٹنڈ نٹ :آپ کیا کہہ رہے ہیں؟ آپ جانتے ہیں اسے اقبال جرم سمجھا جائے گا۔

سیٹھ :اچھی طرح جانتا ہوں۔ لیکن میں تمہیں رشوت نہیں دوں گا۔ میرے چار بنک ہیں۔ ان میں سے ایک کا دیوالہ میں نے جان بوجھ کر نکالا تھا۔ ان سب کا روپیہ جمع کرنے والوں سے لیتا ہوں اور اپنے بزنس میں لگاتا ہوں۔ لیکن اب میں اس رقم میں سے ایک پیسے کا بھی حقدار نہیں ہوں۔ میں تمہیں رشوت نہیں دوں گا۔ میرا اقبال جرم لکھو۔ میرے اوپر مقدمہ چلاؤ۔ میں ذلت ورسوائی اور موت کا مستحق ہوں۔ مجھے موت دے دو۔ میرے دل پر سے یہ بوجھ اسی وقت اٹھے گا۔

سپر نٹنڈ نٹ :(زور سے کئی بار گھنٹی بجاتا ہے) اردلی! سیٹھ جی کا بیان لکھواؤ اور ان کی کار گیراج میں بند کر دو!

اردلی :جو حکم سرکار!

سپر نٹنڈ نٹ :تم سے کتنی بار کہا جائے کسی کو مت آنے دو سمجھے؟!

اردلی :جی سرکار۔

سپر نٹنڈ نٹ :جی سرکار! جی سرکار!! کیا لگا رکھی ہے۔ اب میں کسی سے نہیں ملوں

گا۔ ہر گز ہر گز نہیں ملوں گا!!

اردلی : مگر سرکار۔۔۔

سپرنٹنڈنٹ : اگر مگر کیا کرتا ہے؟

اردلی : حضور میم صاحب!

سپرنٹنڈنٹ : آگئی ہیں؟

اردلی : جی سرکار!

سپرنٹنڈنٹ : تو بھیجو انھیں جلدی اندر بھیجو۔

اردلی : بہت اچھا سرکار!

سپرنٹنڈنٹ : اوہ ڈارلنگ! شما کرنا اس گدھے اردلی کو تو تم جانتی ہو۔ بالکل بیوقوف ہے۔ آج کام بہت تھا۔ میں نے کہہ دیا تھا آج میں کسی سے نہیں ملوں گا۔ اس کم بخت نے تمھیں بھی روک لیا۔ تم اتنی خاموش کیوں ہو۔ سفر کی تکان ہے۔ شاید چائے پیو گی؟

بیوی : نہیں۔

سپرنٹنڈنٹ : تم اتنی اداس کیوں ہو؟ خیریت تو ہے نریندر تو اچھا ہے؟

بیوی : ہاں۔ اچھا ہے۔

سپرنٹنڈنٹ : پھر کیا بات ہے؟

بیوی : (پھوٹ پھوٹ کر روتے ہوئے) نریندر کامنی سے شادی کر رہا ہے؟

سپرنٹنڈنٹ : ہمارا بیٹا نریندر شادی کر رہا ہے؟

بیوی : کامنی سے!

سپرنٹنڈنٹ : کامنی؟ ارے وہی اپنے یار جوگندر سنگھ کی لڑکی؟ نریندر اس سے شادی کر رہا ہے تو کرنے دو۔ اس میں ایسی گھبرانے کی کیا بات ہے ڈارلنگ! میں تو ڈر گیا

تھا۔

بیوی: بڑا انیائے ہو جائے گا۔

سپرنٹنڈنٹ: تمہارا مطلب ہے ذات برادری کا فرق ہے۔ میں نہیں مانتا ذات برادری کے ڈھکوسلوں کو۔

بیوی: نہیں! تم سمجھتے کیوں نہیں۔ وہ دونوں سگے بہن بھائی ہیں؟

سپرنٹنڈنٹ: کیا کہا؟ تو کیا نریندر میرا بیٹا نہیں ہے۔ اس کا مطلب ہے کہ تم بھی مجھ سے دغابازی کرتی رہی ہو۔ تم میرے دوست جو گندر سنگھ کے ساتھ گلچھرے اڑاتی رہی ہو! میں برداشت نہیں کر سکتا۔ (چیخ کر) نکل جاؤ! نکل جاؤ! میرے سامنے سے دور ہو جاؤ! میں کہتا ہوں چلی جاؤ!!

بیوی: میں تم سے کچھ بھی چھپانا نہیں چاہتی۔ میں اور جو گندر کالج کے زمانے سے ایک دوسرے سے پریم کرتے تھے۔

سپرنٹنڈنٹ: (بات کاٹ کر) بند کرو، پریم کہانی۔ میں کچھ سننا نہیں چاہتا۔ نکل جاؤ!

بیوی: میں سچ کہہ رہی ہوں۔ میں نے زندگی میں کبھی تم سے محبت نہیں کی۔ میں تمہاری محبت کے قابل نہیں تھی۔ میں نے ہر بار تمہیں فریب دینے کی کوشش کی۔ میں نے جو گندر سے پریم کیا۔ میں نے تمہیں دھوکا دیا ہے۔ میں نے ایک لمحے کے لئے بھی تمہیں نہیں چاہا۔ میں دھوکے باز ہوں مجھے سزا دو! بھگوان کی قسم میں سچ کہہ رہی ہوں۔ بالکل سچ کہہ رہی ہوں۔

سپرنٹنڈنٹ: سچ سے مجھے نفرت ہے سنا تم نے؟ مجھے سچ سے نفرت ہے۔ سچ بولنے والوں سے نفرت ہے۔ سچ زہریلا ناگ ہے جو زندگی بھر کے سکھ اور شانتی کو ڈسے لے رہا

ہے (زور سے گھنٹی بجاتا ہے اور چیختا ہے) اردلی! اردلی!!

اردلی   : جی سرکار!

سپرنٹنڈنٹ   : میم صاحب کو لے جاؤ۔ ان کا بیان قلم بند کراؤ۔۔۔ لے جاؤ!!

اردلی   : بہت اچھا حضور!

(دونوں چلے جاتے ہیں)

سپرنٹنڈنٹ   : تو یہ ہے اس ڈرامے کا انجام! میں یہ توہین برداشت نہیں کروں گا۔ اس کا علاج موت ہے صرف موت!!

(وقفہ)

ہیرالال   : حوالات میں کوئی جگہ خالی ہوئی کپتان صاحب! (گولی کی آواز ہوتی ہے۔) ارے یہ کیا؟ کپتان صاحب! آپ نے یہ کیا کیا۔ آتم ہتیا۔۔۔ اردلی! سپاہیو! کپتان صاحب نے خودکشی کر لی۔۔۔ پستول سے گولی مار لی!! دیکھتے ہو سچائی کیسی بھیانک ہے؟ کیسی خطرناک ہے۔۔۔ اعلان کر دو آج سے کوئی سچ نہ بولے۔۔۔ آج سے کوئی جھوٹ کو برا نہ کہے۔۔۔ سچائی بڑی بھیانک ہے!!

(پردہ)

***

تماشا اور تماشائی (غالبؔ پر ایک اسٹیج ڈرامہ)

ڈاکٹر محمد حسن

(غالب کی غزلوں کے مختلف ٹکڑے گاتے ہوئے مختلف لوگ اسٹیج سے گزرتے ہیں ان میں کوئی ٹکڑا کتھک کے رقص کا ہے تو کوئی فلمی موسیقی کا۔ کوئی قوالی کا ہے تو کوئی کسی ڈرامے کا۔)

(دروازے پر دستک۔ غالب دروازے کے قریب جاتے ہیں۔ غالب دروازہ کھولنے لگتے ہیں۔)

مرزا : (اسٹیج کے بازو سے آواز دیتے ہیں نظر نہیں آتے) دروازہ مت کھولو۔

غالب : آخر کیوں؟ دیکھتا ہوں کون لوگ ہیں؟

مرزا : (آواز) مجھے معلوم ہے۔

(دستک پھر ہوتی ہے۔)

غالب : تو بتاتے کیوں نہیں؟ یہ سلسلہ کیا ہے؟

مرزا : (آواز) یہ لوگ برسی منا رہے ہیں۔

غالب : (پھر دروازے کی طرف بڑھتا ہے) تو پھر کیا حرج ہے؟

مرزا : (entry) (پھر ٹوک لیتے ہیں) پہلے یہ معلوم ہونا چاہئے کہ یہ لوگ کس کی برسی منا رہے ہیں۔ میری یا تمہاری؟

غالب :ظاہر ہے برسی غالب کی منائی جارہی ہے شاعر غالب کی۔

مرزا :نہیں۔ برسی مرزا اسد اللہ خاں عرف مرزا نوشہ کی ہے، ۱۰۵ سال پہلے میری موت ہوئی تھی۔

غالب :تم سے کسی کو کیا دلچسپی ہے۔ تم تو محض ایک امیر زادے تھے۔

مرزا :اور تم؟

غالب :میں شاعر غالب۔ میرا ایک ایک شعر آج بھی زندہ ہے۔

مرزا :کس کی بدولت؟ میری اور صرف میری۔

غالب :یہ جھوٹ ہے۔ شاعر امیر زادے کے محتاج نہیں۔ تم فقط میرا جسم تھے۔ میری روح میری شاعری تھی۔

مرزا :مت بھولو، میں نے تمھیں نام دیا، ہستی دی، ہنستے ہوئے ہونٹ، روتی ہوئی آنکھیں دیں۔ ترستا ہوا دل اور آسمانوں سے بھی زیادہ بلند پرواز کرنے والا دماغ دیا۔

غالب :سارے امیر زادے اسی طرح بول بولا کرتے ہیں۔ یہ صحیح ہے مرزا نوشہ مرے تم تھے زندگی بھر مرے، کبھی کسی کو مار رکھا، کبھی خود مر گئے۔

مرزا :تمہاری قسمت میں موت کہاں؟

غالب :میں بے چارا اپنا آپ تماشائی تھا، لے دے کے زندگی میں کوئی آرزو کی بھی تو صرف اتنی:

تھا لے دے کے زندگی میں کوئی آرزو کی بھی تو

مرزا :تو گویا میرے بغیر تمہاری ہستی، تمہاری حسرتیں اور ارمان تمہاری شاعری باقی رہتی؟

غالب :نہیں۔ لیکن تمہارے گناہ میرے نام کیوں لکھے جائیں۔

مرزا : ٹھیک کہتے ہو، لوگ آج کل میرے پیچھے پڑے ہیں۔ مرزانوشہ کہاں پیدا ہوا اس نے اپنے سالے کی موت پر خوشی کا کیوں اظہار کیا، اس مغل بادشاہ بہادر شاہ ظفر کا قصیدہ کیوں لکھا۔ انگریزوں کی مدح سرائی کیوں کی اس نے اپنے دوست صدر الدین آرزدہؔ کی بیوی کی پنشن رکوا کر نواب رام پور سے اپنے لئے پنشن حاصل کرنے کی کوشش کیوں کی؟

غالب : یہی نہیں اور سنو۔ مولوی ذکاءاللہ نے لکھا:

"غالب کا حال یہ ہے کہ سوائے شاعر ہونے کے کوئی خوبی اس میں نہ تھی۔ حسد اس قدر تھا کہ کسی کی عزت کو دیکھ نہ سکتا۔ تنگ دل ایسا کہ سارے بھائی بندوں کا حق مارنے میں اس کی عار نہ تھا۔ ذوقؔ مر گیا تو خوش ہو کر کہتا تھا آج بھٹیاروں کی بولی بولنے والا مرا۔ شرابی ایسا کہ کہا کرتا تھا صہبائیؔ شعر کہنا کیا جانے، نہ اس نے شراب پی، نہ معشوقوں کے ہاتھ سے جوتیاں کھائیں، نہ جیل خانے میں پڑا۔ لالچی ایسا کہ ایک ایسا قصیدہ دس دس جگہ بیچتا تھا۔"

مرزا : (دروازے سے لگ کر کھڑا ہو جاتا ہے اور دستک ہونے پر بھی غالب کو دروازہ کھولنے نہیں دیتا) نہیں دروازہ مت کھولو۔ پہلے یہ طے ہو جائے کہ وہ کس کی برسی منانا چاہتے ہیں۔ وہ کہتے ہیں کہ مرزانوشہ خود غرض تھا۔ لالچی تھا تنگ دل تھا۔

غالب : کیا غلط کہتے ہیں۔

مرزا : لو وہ بھی کہہ رہے ہیں کہ بے ننگ و نام ہے:

یہ جانتا تو آگ لگاتا نہ گھر کو میں

غالب : گھر، میرا کوئی گھر نہیں۔

مرزا : نہیں، غالب بھولتے ہو۔ غالب کے نام سے پہچانے جانے سے پہلے صرف میں تھا

مرزا اسد اللہ بیگ اور میں نے آگرے میں آنکھیں کھولی ہیں ۱۷۹۸ء کا آگرہ۔ یہاں نظیر اکبر آبادی کے ''شہر آشوب'' کا آگرہ۔ جہاں میری خاندانی حویلی تھی اور دیوان خانے میں راجہ بنسی دھر کے ساتھ شطرنج کی بازی جمتی تھی۔

فلیش بیک: 1

بنسی : چال چلو مرزا۔
مرزا : چلتا ہوں بنسی دھر۔
بنسی : جی ہاں شطرنج ہے، بچوں کا کھیل نہیں ہے۔
مرزا : ہمارے لئے تو بچوں کا کھیل ہی ہے۔ لیجئے فرزیں تو گیا۔
بنسی : میاں صاحبزادے ہوا بھی، کچھ خاندان کی پرانی رسم و راہ کا پاس کرتا ہوں۔ ورنہ مات پلا کر نوشیرواں بنا دیتا۔ سوچتا ہوں تمہارے نانا ہمارے نانا ایک ساتھ فوج میں نوکر ہوئے۔ ایک ساتھ نوکری چھوڑی، ایک ساتھ زندگی گزاری۔ اگر دو چار مات پلا دی تو کہو گے کہ پشتوں پرانی دوستی کا پاس نہ کیا۔
مرزا : واہ۔۔۔واہ۔۔۔ میاں بنسی دھر کیا کہنے ہیں عمر میں مجھ سے دو ایک برس بڑے یا چھوٹے ہی ہو گے باتیں کرتے ہو تو نانا دادا سے کم نوالہ نہیں توڑتے۔
بنسی : خیر جی مرزا۔ یہ بازی تمہیں اٹھالو۔ ہمیں مانے لیتے ہیں اچھا چلو دوسرے بازی لگاتے ہیں۔
مرزا : بس جناب۔ دوسری بازی نہیں۔ آج بلوان سنگھ سے پتنگ کے پیچ لڑانا ہے۔
بنسی : کون؟ راجہ بلوان سنگھ وہی گڈریوں کے کٹرے والا وہ بھی عمر بھر بچہ رہے گا اور

تمہارا بھی یہی حال ہے۔

مرزا :جی بس شطرنج کے سوا تو سارے کھیل گویا لڑکپن ٹھہرے تم بھی ذرا پیچ لڑاؤ تو جانیں۔

بنسی :اماں توبہ کرو۔ میری سنو تو لعنت بھیجو پتنگ بازی پر۔ راجہ بلاس رائے کی حویلی میں مشاعرہ ہے، چلے چلتے ہیں۔ بھئی میری تو جان جاتی ہے ان مشاعروں پر۔ اکبر آباد کے شاعر ایران کے شاعروں کو شرماتے ہیں اور اپنے میاں نظیرؔ کا کلام بچہ بچہ کی زبان پر ہے۔

مرزا : کہو گے خودستائی کر رہا ہے۔ بخدا دو چار شعر تو ر یختے میں ہم نے بھی کہنے شروع کر دیئے ہیں۔

بنسی :سچ۔

مرزا :پتنگ پر ایک قطعہ لکھا ہے۔ بخدا داد دینے میں کنجوسی نہ کرنا۔ عرض کیا ہے:

ایک دن مثل پتنگ کاغذی

لے کے دل سر رشتہ آزادگی

خود بخود کچھ ہم سے کنیانے لگا

اس قدر بگڑا کہ سر کھانے لگا

میں کہا اے دل ہوائے دلبراں

بسکہ تیرے حق میں رکھتی ہے زیاں

دل یہ سن کر کانپ کر کھا پیچ و تاب

غوطے میں جا کر دیا کٹ کر جواب

(شعر کے بیچ ہی میں بول اٹھتے ہیں۔)

غالب :یہی لمحہ میری پیدائش کا تھا مرزا نوشہ سے غالب بننے کا لمحہ جب پہلی بار شاعر

بیدار ہوا تھا۔

مرزا : مگر اس لمحے کی سالگرہ کوئی نہیں مناتا۔ میری برسی سب مناتے ہیں۔

غالب : شاید اس کی ضرورت بھی نہیں۔ شمع روشنی دیتی ہے اور جل بجھتی ہے اس کی سالگرہ کون مناتا ہے۔

مرزا : احساس فراموش ہو۔

غالب : میں۔

مرزا : ہاں تم، میرا احسان نہیں مانتے کہ غالب کے لئے مرزا نوشہ نے کیا کیا نہیں کیا، ذلتیں سہیں، ہر کس و ناکس کے آگے دامن پسارا، خوشامدیں کیں دست طلب دراز کیا، اپنوں کو اپنا نہیں سمجھا، تا کہ شاعر غالب کو فرصت کا ایک سانس میسر آجائے، تم فکر سخن کے لئے ذرا سی آسودگی پا سکو۔

غالب : آسودگی اور چین اور تم سے؟ تم نے مجھے زندگی بھر بے قرار رکھا۔ وہ دن یاد نہیں تمہیں۔

مرزا : کون سا دن۔

غالب : جب مدتوں بعد میرے بچپن کا یار بنسی دھر گلی قاسم جان کے چوراہے پر پتہ پوچھتے پوچھتے میرے گھر پہنچا تھا۔

فلیش بیک :2

(گلی قاسم جان کے قریب ایک چوراہا، رات کا وقت مشعلیں روشن ہیں، بنسی دھر کی عمر اب ۳۵۔۳۰ برس کی ہے۔ غالب ان سے پانچ سات سال بڑے ہیں۔ داستان

گو داستان سنا رہا ہے۔)

داستان گو :جب شہر کے دروازے پر آیا ایک نعرہ لگایا قفل کو تبر سے توڑا اور نگہبانوں کو ڈپٹ کر للکارا کہ اپنے خاوند کو جا کر کہو کہ بہزاد خان ملکہ مہر نگار اور شہزادہ کامگار کو جو تمہارا داماد ہے، ہانکے پکارے کے لئے جاتا ہے اگر مردمی کا کچھ نشہ ہے تو باہر نکلو اور ملکہ کو چھین لو۔ یہ نہ کہو کہ چپ چاپ لے گیا نہیں تو قلعے میں بیٹھے آرام کیا کرو۔

(چاوش اور چوب دار اور کچھ سپاہی آگے آگے دوڑے آتے ہیں۔ برقندازوں کے ہاتھوں میں مشعلیں ہیں "ہٹو بچو۔ دور باش فرنگی ریزیڈنٹ بہادر کی سواری آتی ہے۔ " کئی آوازیں لگاتے ہیں۔ بگھی گزرنے کی آواز آتی ہے۔ داستان کا سلسلہ ٹوٹ جاتا ہے۔)

مجمع سے ایک مولانا: صاحبو ملاحظہ فرمایا آپ نے۔ فرنگی نے جو اشقلہ اٹھایا اور قلیم میں جو غضب ڈھایا ہے آپ حضرات نے اپنی آنکھوں سے دیکھا۔ دن رات نہ جانے کتنے ہندو مسلمان بے دین ہو رہے ہیں۔ مدرسے تباہ، خانقاہیں ویران، دہلی کالج میں علم دین کی جگہ گٹ پٹ سکھائی جارہی ہے۔

بنسی دھر :(ایک تماشائی سے) مجھے نواب اسد اللہ بیگ کا مکان پوچھنا ہے۔

ایک اور تماشائی: اماں یہ اسد اللہ بیگ کون ہوئے۔

داستان گو :اماں وہی، مرزا الٰہی بخش معروف کے داماد اسد اللہ خاں۔ گلی میں سیدھے جا کر الٹے ہاتھ کو مڑ جانا، وہیں سب پتہ ونشان معلوم ہو جائے گا۔ وہی تو ہیں جن کا ایک بھائی یوسف مرزا پاگل ہو گیا ہے۔ آگرے سے دہلی آئے ہیں۔

(دہلی کے لفظ پر مجمع سے اچانک یوسف مرزا اٹھ کھڑے ہوتے ہیں۔)

یوسف مرزا :دلی مر گئی، مر گئی دلی۔ اب صرف میرا بھائی اسد اللہ دلی ہے۔ تم سب

باطل ہو۔ کاغذی تصویر و زمانہ تم سب کو مٹا ڈالے۔ (بنسی دھر کو شاید پہچان کر ان کو کندھوں سے پکڑ لیتا ہے۔) تم کون ہو؟

بنسی : میرا نام بنسی دھر ہے۔

یوسف مرزا : پھر تمہاری بنسی کہاں ہے؟ برادرم، یہ دلی ہے۔ دلی جو ایک شہر تھا عالم میں انتخاب۔ یہاں دن رات کٹھ پتلی کا تماشہ ہوتا ہے۔ سب ناچتے ہیں۔ لال قلعہ بھی ناچتا ہے اس کے اندر بیٹھا ہوا عالم پناہ بھی ناچتا ہے فرنگی فرنگن بھی ناچتے ہیں۔ کون نچاتا ہے؟ خاموش یہ مت پوچھو۔ آؤ ہم تم بھی ناچیں۔

(اتنے میں چوبدار یوسف مرزا کو تلاش کرتے ہوئے نکل آتے ہیں۔)

چوبدار : چھوٹے مرزا، چھوٹے مرزا چلئے گھر چلئے۔

یوسف : ہمیں چھوڑ دو۔ ہم جا رہے ہیں۔

(چلے جاتے ہیں۔)

بنسی دھر : اسد اللہ کہاں ہیں؟

چوبدار : لمبی کہانی ہے۔ سب بتاؤں گا۔ دوپہر رات گئی۔ انگریزی عملداری ہے دلی کی حالت خراب ہے، گھر چلئے۔

بنسی : میں اس طرح گھر نہیں جانے کا۔ مجھے بتاؤ اسد اللہ کہاں ہے؟ کس حال میں ہے ؟

چوبدار : کیا عرض کروں بندہ پرور، دلی اس خاندان کو راس نہ آئی۔ پورا خاندان تباہی میں آگیا۔ سوچا تو یہ تھا کہ مرزا نوشہ رسالداری پائیں گے شادی کے بعد آل اولاد کا سکھ ملے گا تو باپ اور چچا کا غم بھی جی سے ڈھل جائے گا۔

بنسی : کیا ہوا جلد بیان کرو۔ مرزا نوشہ خیریت سے تو ہیں؟

چوبدار :پہلے سرکار فرنگی سے حکم ہوا دس ہزار سالانہ مرحوم رسالدار نصراللہ بیگ کے عزیزوں کو ملا کرے۔ پھر حکم ہوا فقط پانچ ہزار سالانہ ملے اور اس میں سب وارث شریک ہوں۔ اتنا بڑا خاندان اور اتنی تھوڑی رقم کیسے پورا ہوتا۔ پھر ایک نہیں دو نہیں سات اولادیں ہوئیں مگر کوئی ڈیڑھ سال سے زیادہ نہ جیا۔ بہو بیگم کیا کیا تڑپی ہیں کہ دیکھا نہ جاتا تھا۔ پھر چھوٹے بھائی نواب یوسف مرزا کی شادی ہوئی مگر سکھ دیکھنا نصیب نہ ہوا۔ بچارے مصیبتیں جھیلتے جھیلتے پاگل ہوگئے۔

بنسی :اور مرزا نوشہ کیسے ہیں؟

چوبدار :نہ پوچھو سرکار۔ شاعری ہے اور وہ ہیں۔ مشاعرے پڑھتے ہیں۔ غزلیں کہتے ہیں۔ گلی گلی کوچے کوچے شاعر مشہور ہیں اور بس۔ اب کیا کہوں۔ آخر سرکار کا پرانا نمک خوار ہوں۔

بنسی : کہو۔ تمہیں قسم دیتا ہوں، مجھ سے کچھ نہ چھپانا۔

چوبدار :دکھ سہا نہیں گیا ان سے۔ بس اب شراب منہ کو لگی ہے اور سنتا ہوں کہ ایک ڈومنی بچی پر فریفتہ ہوگئے ہیں۔ اب دیکھو دوپہر رات گئی ابھی واپس گھر نہیں پہنچے ہیں۔

(اسی اثنا میں غالب ہوادار میں سوار نشے کی حالت میں گنگناتے ہوئے گزرتے ہیں۔ کہاروں کے ہاتھ میں مشعلیں ہیں۔ غالب چوبدار کی آواز کو پہچان لیتے ہیں۔)

غالب :ہوادار یہیں رکھ دو۔ (چوبدار سے) اتنی رات گئے یہاں کیا کر رہے ہو۔

چوبدار :ناظر بنسی دھر بھیا اکبر آباد سے آئے ہیں۔

غالب :بنسی دھر تم ہو تو پھر آؤ میرے ساتھ ہوادار میں بیٹھ جاؤ (کہاروں کو اشارہ کرتے ہیں۔ بنسی دھر بیٹھ جاتے ہیں) بنسی دھر دلی لٹ گئی۔ اب یہاں مرزا نوشہ کا کلام سمجھنے والا کوئی نہیں۔ بڑے بڑے سخن سنج طرہ و دستار والے کہتے ہیں مرزا نوشہ مہمل بکتا ہے کس

کے دل میں اپنا دل ڈالوں کہ میری دھڑکنیں سمجھے۔ میرے لفظوں کی تہہ تک پہنچے۔ میرے خون جگر کی تراوش پاوے۔ چلو گھر چلیں۔ تم بھی ان باتوں کو نہیں سمجھو گے۔ میری جان انھیں سمجھنے کے لئے پتھر کا کلیجہ چاہئے۔ زندگی بڑی ظالم ہے دوست اور اس سے نکل بھاگنے کے لئے کوئی نہ کوئی پناہ، کوئی نہ کوئی چور دروازہ تو چاہئے :

کچھ تو دے اے فلک ناانصاف
آہ و فریاد کی فرصت ہی سہی

فلیش بیک : 3

(نسوانی آواز ابھرتی ہے۔)
رہئے اب ایسی جگہ چل کر جہاں کوئی نہ ہو
ہم سخن کوئی نہ ہو اور ہم زباں کوئی نہ ہو
بے در و دیوار سا اک گھر بنایا چاہئے
کوئی ہم سایہ نہ ہو اور پاسباں کوئی نہ ہو
پڑیئے گر بیمار تو کوئی ہو تیمار دار
اور اگر مر جایئے تو نوحہ خواں کوئی نہ ہو

(نووارد دروازہ کھٹکھٹاتا ہے۔ گانا بند ہو جاتا ہے۔ آداب تسلیم کے بعد نووارد ایک دم ماں سے مخاطب ہو جاتا ہے اور لڑکی کو نظر انداز کر دیتا ہے۔)

نووارد : میں کہتا ہوں اب انتہا ہو چکی۔ بات گھر سے نکلی کوٹھوں چڑھی۔ شہر میں بدنامی ہو رہی ہے۔ بچے بچے کی زبان پر تمہاری بیٹی اور مرزا نوشہ کے قصے ہیں۔ توبہ توبہ، اب

میری بات مانو اس کے ہاتھ پیلے کر دو۔)

ماں : کیا کروں بیرن؟ کچھ بس نہیں چلتا، تم جانو پھوٹی آنکھ کا دیدہ ایک ہی تو بچی ہے، اس کا دل بھی نہیں توڑا جاتا۔ اتی بڑی ہو گئی ہیں، میں نے کبھی جو اس کا جی میلا کیا ہو۔ اچھے سے اچھا کھلایا، اچھے سے اچھا پہنایا۔ کبھی اس کا کہا نہ ٹالا۔ اس بڑھاپے میں چونڈے میں کالک لگتی تھی۔

نو وارد : ہر گھر میں ایسے قصے ہو جاتے ہیں بہن مگر آخر بزرگ کس دن کے لئے ہوتے ہیں۔ بچی نا سمجھ ہے۔ جوانی دیوانی ہوتی ہے۔ ذرا خبر کرنا پڑے گا۔ سب ٹھیک ہو جائے گی۔

ماں : اور جو میری چاند سی بیٹی کو کچھ ہو گیا؟

نو وارد : بہن کیسی باتیں ارے شادی بیاہ کے بعد ارمانوں میں لگ جائے گی۔ یاد بھی نہیں رہے گا کہ تھے کوئی مرزا نوشہ بھی۔ اپنی آنکھوں کے سامنے ایسے ہزاروں نہیں تو سینکڑوں تماشے دیکھ لئے اور پھر ذرا دل میں سوچو ڈومنی ذات ہمیشہ سے عزت دار، غیرت والی مشہور رہے۔ ہم کوئی پنچ ذات ہیں کہ جس نے چاہا ہاتھ ڈال دیا۔ یہ قصہ ہو گیا تو ہمیشہ کے لئے ڈومنی ذات بھی کسی باجنے لگے گی۔

ماں : تم میری بٹیا کو نہیں جانتے۔ وہ بڑی ہٹیلی ہے وہ چاند کے لئے بھی مچلے گی تو اسے لے کر چھوڑے گی یا اپنا جی کھو دے گی۔

نو وارد : بالک ہٹ ہے مگر ہٹ کے آگے ہار گئیں تو سر پکڑ کر روؤ گی، بچی ہاتھ سے نکل جائے گی۔ ذرا سوچو مرزا نوشہ اچھے گھرانے کا نواب زادہ، جیب میں کوڑی نہیں، خرچ لمبا، بیوی ہے، گھر بار ہے، شاعری سے تو پیٹ پلتا نہیں۔ اول تو وہ گھر ڈالے گا کیسے اور گھر ڈال بھی لے تو یہ نبھنے والی بات نہیں۔ آخر اس کی بیوی بھی نواب الٰہی بخش کی بیٹی، نواب لوہارو

کی بھتیجی ہے، ناک چنے چبوادے گی۔

ماں : میری تو کچھ سمجھ میں نہیں آتا۔

نو وارد : میرا کہا مانو تو اس جوکھم سے نکلو گی (جیب سے سونے کی مہریں نکال کر رکھتا ہے) یہ دو توڑے سونے رکھ لو۔ بڑی قسمت والی ہے تمہاری بیٹی۔ کوتوال کی نظروں میں ایسی جچی ہے کہ نہ پوچھو، بولو منظور ہے؟ باقی میں نمٹ لوں گا۔ تم ایک ذرا حامی بھر لو اور پھر دیکھو چٹکی بجاتے ہی سب تصفیہ ہو جائے گا۔ شام ہوتے ہوتے منگنی کا جوڑا آجائے گا۔

ماں : میں اتنی جلدی کیسے حامی بھروں۔

(لڑکی کی سب کچھ سن لیتی ہے، غصے میں بھری ہوئی جالی تک آئی ہے۔)

لڑکی : اماں! ان سے کہئے یہاں سے چلے جائیں۔

ماں : بیٹی! تیرے ماموں ہیں، ان کی اس طرح توہین نہیں کرتے۔

لڑکی : میں کوئی کارچوب کی گڑیا نہیں ہوں کہ دو توڑے سونے میں بک جاؤں گی۔ یہ کون ہیں میرا مول لگانے والے، مجھے نیلام پر چڑھانے والے۔

نو وارد : بیٹی! میری بات سنو۔ تمہاری بھلائی کے لئے کہتے ہیں۔

لڑکی : خبردار جو مجھے بیٹی کہا۔ میں آپ کے کوتوال صاحب کو تلووں سے مسل کر پھینک دوں ان سے کہہ دیجئے گا۔

نو وارد : میں کچھ نہیں کہوں گا۔ بڑھاپے نے کبھی جوانی سے قول نہیں ہارا۔ تم غصے میں ہو، جوش ٹھنڈا ہو جائے۔ ذرا معاملے پر غور کر لو، میں تھوڑی دیر بعد آؤں گا۔ سوچ لو، اچھی طرح سوچ لو۔

لڑکی : مجھے نہیں سوچنا۔ آپ کو تکلیف کرنے کی ضرورت نہیں۔

نو وارد : (ہنستا ہے) بچی نادان ہو۔ میں ان باتوں کا برا نہیں مانتا۔ سوچنے سے کبھی کسی کا

کچھ نہیں بگڑا۔

(چلا جاتا ہے۔)

لڑکی :(جالی کے دوسری طرف آکر) یہ آپ کیا کھچڑی پکایا کرتی ہیں اماں؟ ہر وقت شادی، ہر وقت منگنی بیاہ۔ آپ کے نزدیک دنیا میں اس کے سوا اور کچھ ہے ہی نہیں۔ آپ سمجھتی کیوں نہیں؟ آپ مجھے جان بوجھ کر کیوں تڑپاتی ہیں۔(رونے لگتی ہے) جایئے میں آپ سے نہیں بولوں گی۔

ماں :(گلے لگا کر) بوڑھی گئی ہوں سٹھیا گئی ہوں بھول جاتی ہو، تو کچھ خیال مت کیا کرو۔

لڑکی :بہت بڑی بھول ہے اماں۔ تم نے سوچا یہ بات انھیں معلوم ہو گئی تو ان کا دل ٹکڑے ٹکڑے ہو جائے گا شاعر کا دل ہے اماں۔ صدیوں میں ایسا انمول دل کسی کو ملتا ہے۔ دولت نہیں، حکومت نہیں، مشاعرے کی واہ واہ تک نہیں شیشے سے زیادہ نازک اور ہیرے سے زیادہ انمول دل کو تم چاہتی ہو کہ میں بھی ٹکڑے کر ڈالوں۔ یہ بہت بڑا پاپ ہے ماں۔

بنسی دھر :اس طرح بے اطلاع اندر چلا آیا، معاف کیجئے گا۔ مجھے دو باتیں کرنی ہیں میرا نام بنسی دھر ہے اکبر آباد سے آیا ہوں۔ مرزا نوشہ کا بچپن کا دوست ہوں۔

لڑکی :(بے قرار ہو کر جالی کی دوسری طرف آ جاتی ہے ماں اٹھ کر چلی جاتی ہے) فرمایئے، کیا مرزا صاحب نے کوئی پیغام بھیجا ہے؟ کیا کہا ہے انھوں نے؟ کیسے ہیں وہ؟ خود ہی کیوں نہ چلے آئے۔

بنسی :آتے ہوں گے۔

لڑکی :تشریف رکھئے۔

بنسی : بہن! مرزا کے بچپن کے دوست ہوں۔ ساتھ شطرنج کھیلنے میں راتیں سیاہ کی ہیں، باہم قصے کہانیاں کہی سنی ہیں۔ پتنگیں لڑائیں اور بازیاں ہاری جیتی ہیں۔ اس خاندان کو اپنی نظروں کے سامنے پامال ہوتے دیکھا ہے اکبر آباد میں آج بھی عبد اللہ بیگ خاں اور مرزا کے چچا نصر اللہ بیگ خاں اور مرزا کے نانا غلام حسین خاں کا نام باجتا ہے۔ کوئی رسالدار، کوئی میدان میں نے اس خاندان کا وقار اپنی آنکھوں سے دیکھا ہے ان کی آن بان کا سورج میرے سامنے ڈوبا ہے۔

لڑکی : میں کچھ سمجھی نہیں۔

بنسی : آپ کو ایک نظر دیکھا تو مرزا کے حسن نظر کی داد دی۔ بخدا خالق نے اپنے ہاتھ سے نور کے پتلے میں جان ڈال دی ہے اور جادو بھری آواز بخشی ہے پھر مرزا نوشہ نے جان نچھاور کر دی تو کیا تعجب۔ اس کی جگہ کوئی اور ہوتا تو کئی جانیں نچھاور کر ڈالتا۔ مجھے یہ بھی بھروسہ ہے کہ اس نورانی پیکر میں ایسا ہی نازک، لطیف اور ہمدرد دل بھی ہے جو دوسروں کے درد سے تڑپ اٹھتا ہوگا۔

لڑکی : میں کچھ نہیں سمجھی۔ آپ کہنا کیا چاہتے ہیں؟

بنسی : میں نہیں مانتا۔ مرزا نوشہ کے شعر سمجھنے والی اتنی سیدھی سی بات نہ سمجھے میں نہ مانوں گا۔

لڑکی : خدارا پہیلیاں نہ پوچھئے۔

بنسی : لے دے کے اس گھرانے کے پاس تھوڑی سی آن بان بچی ہے آپ چاہیں تو یہ آن بان قائم رہ جائے۔

لڑکی : میں چاہوں؟ میرے چاہنے سے کیا ہوتا ہے بھائی صاحب۔ دنیا میری مرضی پر چلتی تو مرزا صاحب کا نام آفتاب و ماہتاب کی طرح رات دن عالم پر چمکتا۔ انھیں اپنے کلام

کی داد ملتی، ان کی صداؤں پر لوگ سر دھنتے میرے بس میں تو کچھ بھی نہیں۔

بنسی : میں آپ ہی سے کچھ مانگنے آیا ہوں۔ آپ اس گھرانے کی آبرو بچا سکتی ہیں آپ نے مرزا نوشہ کو دیکھا مگر اس گھر کی خوشی، اس خاندان کی آبرومندی، اس کے گھر بار کی ذمہ داریوں کا خیال نہیں کیا۔ مرزا نوشہ نے اپنا سب کچھ آپ پر وار دیا مگر آپ نے کبھی یہ بھی سوچا ہے کہ کوئی اور عورت آپ ہی کی طرح نازک، آپ ہی کی طرح دردمند عورت اپنا سب کچھ مرزا پر وار چکی ہے اور اسے وہ پیار بھی نہیں ملا جو خوش قسمتی سے آپ کو مل گیا۔

لڑکی : میں بھی انسان ہوں، میرے سینے میں بھی دل ہے، پتھر نہیں ہے بھائی صاحب۔ مجھے بھی جینے کا حق ہے۔

بنسی : میں نے سنا تھا محبت قربانی دیتی ہے قربانی لیتی نہیں۔

لڑکی : (غصے سے) آپ نے غلط سنا تھا، بالکل غلط سنا تھا آپ نے۔ عورت بھی انسان ہوتی ہے ہم گانے والیاں بھی انسان کا دل رکھتی ہیں۔

بنسی : آپ ٹھیک فرماتی ہیں مگر بڑی بیگم بھی عورت ہیں اور ان کا دل بھی انسان کا دل ہے۔

لڑکی : میں کچھ نہیں جانتی۔ میں نے صرف اتنا سوچا تھا کہ درد سے چور شاعر کے دل کو اپنے پیار سے بھر دوں۔ پھر دل سوچا سمجھا کہاں مانتا ہے اس کی تو اپنی ڈگر ہے اپنی راہ ہے۔ پھر میں اسے سمجھانے والی کون؟ یہ سب مقدر کا پھیر ہے بھلا کبھی خواب میں بھی سوچا تھا کہ جس شاعر کے کلام کو اس طرح جی جان سے گاتی رہی ہوں کبھی اسے دیکھ بھی پاؤں گی، کبھی اس سے بات بھی کر پاؤں گی۔ ہائے کیسے اچنبھے کی بات ہے۔

بنسی : ذرا سوچیے، ایک گھر تباہ ہو جائے گا۔ آپ پسند کریں گی یہ تباہی آپ کے نام

لکھی جائے۔ ایک نامور گھرانا تاراج ہو جائے اور اس تباہی کی لپٹوں میں ایک عورت کا دل، اس کا سہاگ ہی نہیں اجڑے گا بلکہ ایک ہونہار شاعر کا مستقبل بھی جل جائے گا۔

لڑکی : یہ سب مجھ سے کیوں کہتے ہیں آپ اپنے دوست کو سمجھایئے۔

بنسی : وہ نہیں سمجھے گا اسی لئے تو آپ کو زحمت دینے حاضر ہوا ہوں، ذرا سوچئے پورے خاندان کا دار و مدار مرزا نوشہ پر ہے۔ وہ جوانی دیوانی کے نذر ہو گئے تو یہ باعزت خاندان بھیک مانگے گا۔ سرکار انگریزی میں پینشن کے کاغذات پیش ہیں وہاں اس قصبے کی سن گن پہنچی تو کیا ہو گا سرکار بھی یہی سوچے گی کہ نصر اللہ بیگ کی پنشن اللے تللوں میں اڑائی جاتی ہے اب میں اس میں اضافہ بے محل ہے جسے آپ حافظ و خیام کے مرثیے پر دیکھنا چاہتی ہیں۔ وہ ایک انسان بھی تو ہے ایک مفلوک الحال امیر زادہ بھی تو ہے۔ میں آپ سے اس کے وقار، اس کی زندگی کی بھیک مانگتا ہوں۔

(دامن پھیلا دیتا ہے۔ تھوڑی دیر خاموشی رہتی ہے لڑکی چلی جاتی ہے اسٹیج پر ذرا دیر تاریکی۔ جب دوبارہ روشنی ہوتی ہے تو بنسی دھر جا چکے ہیں اور لڑکی ستار لئے خاموش سوچ میں گم سم بیٹھی ہے۔)

(بہت دیر تک خاموش بیٹھی کچھ سوچ رہی ہے اسی عالم میں ماں پکارتی ہے تو چونک پڑتی ہے۔)

ماں : بیٹی! اب ستار رکھ دو چلو کھانا کھالیں۔ دیر ہو رہی ہے۔

لڑکی : (ایک دم چونک کر) اماں۔

ماں : ہاں بیٹی! ڈر گئی۔

لڑکی : اماں میں نے شادی کا فیصلہ کر لیا ہے۔

ماں : بیٹی!!

(خوشی سے)

لڑکی :ماموں ٹھیک کہتے ہیں۔ انھیں بلاؤ ان سے کہو کہ منگنی کا جوڑا لائیں میں اس جوڑے میں کیسی لگوں گی۔ اماں تم نے میری شادی کے جوڑے تو سیئے ہیں میری بات مانوں گی؟

ماں : کہو بیٹی۔

لڑکی :مجھے دلہن بنادو۔ مجھے شادی کا جوڑا پہناؤ، میرے ہاتھ چوڑیوں سے بھر دو، میری مانگ میں افشاں چن دو، آج سے میں نئی زندگی شروع کروں گی۔ چلو اماں چلو۔

(ماں کو گھسیٹتی ہوئی لے جاتی ہے۔)

ماں :پاگل ہوئی ہے۔ ذرادم لے۔

لڑکی :میری اچھی اماں اب دیر نہ کر۔ میری اچھی اماں۔

(دونوں چلی جاتی ہے۔)

ماں :ارے دوڑو۔۔۔ لوگو میں لٹ گئی۔ ارے لوگو میری بچی۔۔۔ ارے کوئی آؤ دیکھو میری چاند سی بٹیا کو کیا ہوا۔ ارے لوگو! میں لٹ گئی۔۔۔ ارے لوگو میں لٹ گئی۔ میں کیا جانتی تھی کہ میری بچی اس لئے دلہن بن رہی ہے۔ میں رنڈیا باتوں میں آگئی۔۔۔ ہائے میں کیا کروں، کہاں جاؤں۔ ہیرے کی انگوٹھی میں زہر چھپا رکھا تھا۔ زہر کھالیا میری بلو نے۔۔۔ ہائے، تیرے وارے جاؤں میری لاڈلی۔ تیرے بدلے مجھے کیوں نہ موت آئی۔

غالب :تم امیر زادے تھے۔ عورت کی محبت کو بھی کھیل جانتے تھے۔

مرزا :نہیں، تم محض شاعر تھے اور شعر میں گرمی اور سوز پیدا کرنے کے لئے تم نے ایک عورت کی جان لے لی۔

غالب : یہ غلط ہے۔

مرزا : یہ بالکل صحیح ہے۔

خواہش کو احمقوں نے پرستش دیا قرار

کیا پوجتا ہوں اس بت بیداد گر کو میں

غالب : چلو، اس بہانے تمہیں شعر تو یاد آنے لگے۔

مرزا : تمہارے شعروں میں کیا؟ میری زندگی ہی تو ہے۔ مجھے یاد نہ ہوں گے تو کسے یاد ہوں گے۔

غالب : تو سنو، تم نے اس عورت کو چاہا امیر زادے کے دل سے۔ تم نے اسے داشتہ کی نظر سے دیکھا یا نہیں یہ میں نہیں جانتا مگر تم جیسے امیر زادے فقط آج کے نہیں بلکہ ابھی کے لمحے میں زندہ رہتے ہیں۔ زخم نہیں کھاتے فقط پھول چنتے ہیں۔

مرزا : اور آپ؟

(انتہائی طنز سے۔)

غالب : شاعر کے دل نے اس سے درد کی دوا پائی، درد لا دوا پایا۔ میں نے اسے چاہا اور اس میں زندگی کا ایک نیا روپ دیکھا۔ میں نے اسے نہ چاہا ہوتا اس کا سہارا نہ ڈھونڈا ہوتا تو میں پاگل ہو جاتا۔

مرزا : معلوم ہے ان دنوں سخت پریشانی تھی۔ پنشن تھوڑی رہ گئی تھی۔ ایک دو نہیں سات بچے پے درپے مر چکے تھے۔ چھوٹے بھائی یوسف پاگل ہو چکے تھے اور ان کے گھر بار کا بوجھ بھی میرے سر تھا۔

غالب : اس وقت اس لڑکی نے مجھے سہارا دیا میری غزلوں کو گنگنایا اور میرے شاعرانہ وجود کو ہلا ڈالا۔

مرزا :اسی زمانے سے شراب منہ کو لگی اور انہی دنوں جوئے کی عادت ہوئی۔

(لڑکی کی قریب آجاتی ہے اور ان دونوں کو الزام دینے کی نظر سے دیکھتی ہے جیسے گریبان پکڑنا چاہتی ہو۔)

لڑکی :تم دونوں میں سے مرزا نوشہ کون ہے؟

غالب :

پوچھتے ہیں وہ کہ غالب کون ہے

کوئی بتلاؤ کہ ہم بتلائیں کیا

مرزا :اچھا ہوا تم خود آگئیں، ہم تمہارے پاس آرہے تھے۔

لڑکی :کیوں؟

مرزا :کچھ پوچھنا تھا۔

لڑکی :۔۔۔آپ دونوں میں سے مرزا نوشہ کون ہیں؟

مرزا :جی فرمایئے مجھے مرزا نوشہ کہتے ہیں۔

غالب :تم غلط آدمی کو پوچھ رہی ہو، شاید تم غالب سے ملنا چاہتی ہو۔ شاعر غالب جس کی غزلیں تم نے گنگنائیں۔ جس کی زندگی میں تم نے تھوڑی دیر کے لئے سکون کی چاندنی فراہم کردی۔

لڑکی :بولو۔ میرے قتل کا ذمہ دار کون ہے۔ میرا خون کس کی گردن پر ہے؟

غالب :شاید وہ شاعر جس کا قتل زمانے کی گردن پر ہے۔

لڑکی :میں کہتی ہوں تم دونوں میرے قاتل ہو۔۔۔ میرے قاتل! ایک نے میری آواز کا سودا کیا دوسرے نے میری خوب صورتی کا اور تم سے کسی نے بھی اس عورت کو نہیں دیکھا جو قربانی دے کر صرف محبت کی طلب گار تھی۔ میں کہتی ہوں تم نے مجھے کیا

دیا؟

غالب :محبت سودا نہیں۔

لڑکی :تمہارے لئے سودا ہی تو تھی۔ شاعر، تم کو پناہ چاہئے تھی۔ کٹھور زندگی سے اپنے خیالوں میں پناہ چاہئے تھی وہ تم نے ڈھونڈ نکالی اور تم یہ نہ دیکھ پائے کہ میرے سینے میں بھی دل تھا، میں بھی آرزوؤں کی جھولی پھیلائے کھڑی تھی۔ مگر تم کو میری نہیں اپنے تصور کی ضرورت تھی اور اپنے تصور کی چاہت میں تم نے مجھے روند ڈالا۔

غالب :یہ جھوٹ ہے۔

لڑکی :شاعروں کو اکثر جھوٹ سے پیار ہوتا ہے مگر عورت ایسی سچائی ہے جسے شاعروں نے اپنی شاعری کے ذریعے جھوٹ بنا دیا ہے۔ میں بھی عورت ہوں۔ میں آج تم سے انصاف مانگنے آئی ہوں۔

غالب :انصاف اور مجھ سے؟ جو زندگی بھر بے انصافی کا شکار رہا۔

لڑکی :ہاں تم سے، میرے شاعر۔ آج جب دنیا تمہاری شہرت سے گونج رہی ہے۔ کیا کوئی ایک لمحے کے لئے بھی مجھے یاد کرتا ہے، جس کی پوری ہستی ایک کسک بن کر تمہاری شاعری کو جاوداں بناگئی۔۔۔ بتاؤ میری فریاد کون سنے گا؟

مرزا :تم دونوں مجھے الزام دو۔ سب مجھے الزام دیتے ہیں۔ تم میں سے کوئی مجھے نہیں جانتا۔ دس بارہ سال کی عمر میں ایک امیر زادہ دہلی آیا اور اس کے اوپر آسمان ٹوٹ پڑا۔ ایک دم پورے خاندان کا بوجھ سر پر، پھر ایک نہیں دو نہیں سات بچوں کا انتقال، چھوٹے بھائی پر ان حالات نے وہ ستم توڑا کہ پاگل ہو گیا۔ میں بھی خوان اور خوبصورت آدمی تھا۔ اگر شاعری، عشق و قمار بازی میں پناہ ڈھونڈی تو کیا گناہ ہو گیا اور اسی بے قراری میں تمہارا دامن پکڑا اور نتیجہ رسوائی، بے عزتی اور بے اندازہ غم۔

لڑکی : میں جانتی تھی۔

غالب : تم شرم اور رسوائی سے خاک میں جا چھپیں، جس کا آسرا میں نے ڈھونڈا وہ موت کے پردے میں چھپ گیا۔ تم نے موت کی پناہ ڈھونڈ لی، مجھے یہ پناہ بھی نہ ملی۔ تم میری شاعری میں درد بن کر زندہ رہیں اور اس درد کو مجھ سے کوئی نہ چھین سکا۔

لڑکی : میں نے بھی کبھی یہی سوچا ہے کہ میں شاعری کا ایک تصور تھی۔ محض ایک تصور جس سے تم نے پیار کیا وہ تمہارا تصور، تمہارا تخیل، تمہاری اپنی تصویر تھی اسی لئے تم نے مجھے کوئی نام دیا اور وہ درد شاعری بن کر بکھر گیا۔ یاد رکھنا میں حشر میں دامن گیر ہوں گی۔ میرا خون فریادی ہو گا اور یہ فریاد زمین و آسمان کو نہیں عرش معلیٰ کو ہلا ڈالے گی۔ انصاف کی پکار تمہاری شہرت کے سارے فانوس گل کر دے گی۔

(ایک لمحے کے لئے اسٹیج کی ساری روشنیاں گل ہو جاتی ہیں۔)

مرزا : سنا تم نے؟

غالب : سن تو میں نے بھی لیا، لیکن وہ یہ سب کچھ تم سے کہہ رہی تھی۔

مرزا : میں اس کا قاتل نہیں ہوں۔

غالب : ہاں، تم صرف اسی کے نہیں ہم دونوں کے قاتل ہو۔ امیر زادے کے ہاتھوں وہ نازک سی لڑکی بھی قتل ہوئی اور شاعر غالب بھی۔

مرزا : اپنے سارے الزام میرے سر منڈھ دو۔

غالب : تم کس کس سے انکار کرو گے۔ تمہیں وہ دن یاد ہے جب شاعر نے مالی مشکلات کا حل نکال لیا تھا اور تم نے مجھے روک دیا۔

مرزا : میں نے روک دیا!

غالب : ہاں، امیر زادے۔ تمہیں نے مجھے روکا تھا!

(۴)

(پردہ اٹھتا ہے غالب دیوان خانے میں مسہری پر نیم دراز ہیں جیسے غم و اندوہ سے بے حال ہو گئے ہیں اچانک یوسف مرزا سرہانے جا پہنچتے ہیں۔)

یوسف مرزا : جہان آباد کا شاعر اعظم اسد اللہ غالب۔ سرکاری بولی باسٹھ روپے، ہے کوئی لینے والا۔ باسٹھ روپے ایک، باسٹھ روپے دو۔۔۔

غالب : (چونک کر) یوسف مرزا، تم کب آئے، آؤ بیٹھو۔

یوسف مرزا : بہت تکلیف ہے کیا؟

غالب : تکلیف! کیسی تکلیف؟

یوسف مرزا : ہم سب جانتے ہیں۔ جو جانتے ہیں وہ بولتے نہیں، جو بولتے ہیں وہ جانتے نہیں۔

(پس منظر سے ایک فقیر کی آواز ابھرتی ہے آہستہ آہستہ یہ فقیر کھڑکی کے پاس آ جاتا ہے۔ ہاتھ پھیلاتا ہے مرزا خالی صندوقچے سے دو چار پیسے نکال کر اس کی ہتھیلی پر رکھ دیتے ہیں۔ فقیر یہ غزل گا رہا ہے:)

دل ہی تو ہے نہ سنگ و خشت درد سے بھر نہ آئے کیوں
روئیں گے ہم ہزار بار، کوئی ہمیں ستائے کیوں
دیر نہیں، حرم نہیں، در نہیں، آستاں نہیں
بیٹھے ہیں رہ گزر پہ ہم غیر ہمیں اٹھائے کیوں
قید حیات و بند غم اصل میں دونوں ایک ہیں

موت سے پہلے آدمی غم سے نجات پائے کیوں

(مرزا فقیر کے ہاتھ پر پیسے رکھ دیتے ہیں۔)

فقیر :(دعا دیتے ہوئے) بابا۔ اقبال بلند، دولت زیادہ!!

(مرزا کھڑکی بند کر دیتے ہیں۔ یوسف مرزا جو ابھی تک پھٹی پھٹی آنکھوں سے یہ منظر دیکھ رہے تھے اچانک قہقہہ مار کر ہنس پڑتے ہیں اور طنز سے دہراتے ہیں اور باہر نکل جاتے ہیں۔)

یوسف مرزا :اقبال بلند، دولت زیادہ!! اقبال بلند، دولت زیادہ!!

غالب : (خود کلامی) اقبال بلند، دولت زیادہ، خوب!! اقبال اتنا بلند کہ بھکاری غزلیں گائیں اور عالم، فاضل، امیر، بادشاہ ہمت افزائی سے باز رہیں۔ رہی دولت تو اس کا یہ حال کہ ساری دنیا کا قرضدار متھرا داس درباری مل، خوب چند جین، سب تمسک مہری لے کر چاٹیں۔ ایک دن قرض خواہوں کا ہاتھ ہے اور یہ گردن۔ انجام موت ہے یا بھیک مانگنا کسی دکان سے دھتکارے گئے۔ کسی دروازے سے کوڑی پیسہ مل گیا۔ (اچانک نظر بیگم پر پڑتی ہے جو دیوان خانے میں آگئی ہیں) بیگم، تم! دیوان خانے میں!!

بیگم :آپ کو محل سرا میں آنے کی فرصت کہاں! مجھی کو آنا پڑا۔

غالب : کہو۔

بیگم :کیا کہوں؟

غالب : کہو گھر میں خرچ کی تکلیف ہے۔

بیگم :ہاں۔

غالب : کہو کہ قرض خواہوں کے تقاضوں سے تنگ آگئی ہوں کہ پنشن کے باسٹھ روپیوں میں مہینے کا خرچ پورا نہیں ہوتا۔ اس طرح کب تک کام چلے گا گھر کا۔

بیگم :پھر اس کا کچھ انتظام؟

غالب :مجبوری۔

بیگم :تو پھر اس امیر الامرائی کو سلام کیجئے، آن بان ختم کیجئے، محنت مزدوری ہی سہی گزر بسر تو ہو۔

غالب :اسی لئے پنشن کی واگزاری کے لئے کلکتے کا سفر کیا۔ کمپنی کو درخواست دی، سرکار دربار میں صدا لگائی مگر نتیجہ کچھ نہیں۔

بیگم :آخر کام کیسے چلے گا؟ قرضہ دار سود جدا، چوبدار، نوکرانی، یوسف مرزا کی دوا دارو، کھانا پینا، مکان کا کرایہ۔ یہ سب کہاں سے آئے گا۔

غالب :کہاں سے گنجائش نکالوں۔ سنو صبح کی تبرید موقوف، رات کی شراب گلاب موقوف، چاشت کا گوشت آدھا۔

بیگم :اس طرح پیٹ کاٹ کر کیا ملے گا؟

غالب :جو ملے غنیمت ہے۔

بیگم :خدا جانے میرے نصیبوں کا سکھ چین کہاں چلا گیا۔ گھر میں نہ اچھا پہننے کو نہ اچھا کھانے کو۔ نہ اولاد کا سکھ نہ دل کا چین۔

غالب :کوئی تدبیر بن نہیں پڑتی۔ میں نے خود کو اپنا غیر تصور کر لیا ہے جو دکھ مجھے پہنچتا ہے کہتا ہوں لو غالب کے ایک جوتی اور لگی۔ بہت اتراتا تھا کہ میں بڑا شاعر اور فارسی داں ہوں۔ آج دور تک میرا جواب نہیں۔ لے اب قرض داروں کو جواب دے۔ ایک قرض خواہ کا گریبان ہاتھ میں ایک بھوک سنا رہا ہے میں اس سے پوچھ رہا ہوں اجی حضرت نواب صاحب آپ سلجوقی اور افراسیابی ہیں یہ کیا بے حرمتی ہو رہی ہے کچھ تو اکسو کچھ تو بولو۔

بیگم :تم اپنے کو غیر تصور کر لو میں تم کو غیر تصور نہیں کر سکتی۔

غالب :میں تمہارا مطلب نہیں سمجھا۔

بیگم :کوئی مطلب نہیں ہے۔ کبھی تم نے یہ بھی سوچا ہے کہ تمہاری زندگی میں میں بھی شریک ہوں۔

غالب :کیا کہہ رہی ہو بیگم ؟

بیگم :میں بھی انسان ہوں، تمہارے دکھ سکھ کی ساتھی ہوں۔ کیا میرا صرف اتنا ہی حق ہے کہ تم سے روٹی روزی، نان نفقہ چاہوں اور بس اس کے سوا میرا کوئی حق نہیں ؟

غالب ۔:کون سا حق چاہتی ہو تم ؟

بیگم : تمہیں کیا بتاؤں۔ کبھی تم نے یہ بھی سوچا ہے کہ تمہاری شاعری میں کوئی ایک شعر ایسا بھی ہے جو میرے لئے کہا گیا ہو۔ اصلی اور فرضی محبوباؤں کے ذکر ہیں، ہجر اور فراق کے چرچے ہیں۔ میں پوچھتی ہوں کہ وہ عورت ان شعروں میں کہاں ہے جس نے ہر دکھ سکھ میں تمہارا ساتھ دیا اور کچھ نہیں مانگا۔ کیا اس کا تمہاری شاعری پر کچھ حق نہیں ہے۔

غالب :یہ اشعار کس کام کے ؟ یہ شہرت کس گون کی۔ عاشقوں میں کوئی مجنوں اور فرہاد کی سی شہرت پالے تو کیا۔ شاعروں میں کوئی حافظ اور خیام سے زیادہ مشہور ہو جائے تو کیا۔ آخر کو تو مسئلہ وہی دو سانس چین سے گزار لینے کا ہے۔

یوسف مرزا : (ایک دم داخل ہوتے ہیں۔ دیوانہ وار قہقہہ) جمشید کی میراث جمشید کی اولاد کو۔ آدم کی میراث رسوائی، اندوہ اور بہشت اور گناہ۔ ہم سب نیلام پر چڑھاتے ہیں اور گیہوں کا ایک دانا چاہتے ہیں۔ کوئی ہے جو اس ایک دانے کا سودا کرلے ؟

غالب :یوسف مرزا خدا کے لئے خاموش ہو جاؤ۔

یوسف مرزا :(بہت آہستہ سے) میں خاموش ہوں۔ لو میں خاموش ہو جاتا ہوں۔

اب چراغوں کا خدا حافظ۔

(چلے جاتے ہیں۔)

غالب :گھبراؤ نہیں بیگم! جلد کوئی صورت نکلے گی۔ کوئی صورت نکالنی پڑے گی۔

کاظم علی :قبلہ حاضر ہو سکتا ہوں ؟(آواز سن کر بیگم اندر محل سرا کی طرف جاتی ہیں انتظام الدولہ کا داخلہ۔)غلام کاظم علی کورنش بجالاتا ہے، مرزا صاحب۔ نصیب دشمنان مزاج تو بخیر ہے کہ حضور نیم دراز ہیں۔

غالب :آؤ کاظم علی، کیسے آنا ہوا؟

کاظم :غلام کا کیا آنا جانا۔ حضور کو سلام کرنے کبھی کبھار چلا آتا ہوں اور جائیں بھی کہاں۔ اب تو دہلی وہ اندھیر نگری ہے کہ خدا کی پناہ۔ اپنی قسم کھا کر عرض کرتا ہوں مرزا صاحب کہ قدم قدم پر تو جاسوس ہیں۔ فرنگیوں کے جاسوس، مرہٹوں کے جاسوس، روہیلوں کے جاسوس اور خدا معلوم کہاں کہاں کے کس کس کے جاسوس۔ پھر وہابیوں نے غدر مچا رکھا ہے۔ ذرا ملاحظہ فرمایئے حکیم مومن خاں جیسا رند باصفا جہاد کی باتیں کرنے لگا۔ اب آپ سے بھی کیا چوری ہے مرزا صاحب قبلہ، میں نے تو یہاں تک سنا ہے کہ وہابیوں سے فرنگی حکومت تک پریشان ہے۔ خفیہ خفیہ کمپنی بہادر کو پرچہ لگا ہے کہ یہ لوگ انگریزوں کے خلاف جہاد بولنے والے ہیں۔ حکم ہوا ہے کہ ان کی نگرانی رکھی جائے۔

غالب :باتیں کرتے کرتے کبھی دم بھی لے لیا کرو۔

کاظم :آپ تو ناچیز کو شرمندہ کرتے ہیں مرزا صاحب۔

غالب :اپنی کہو، کیسی گزر رہی ہے؟

کاظم :کچھ نہ پوچھئے مرزا صاحب قبلہ، حال پتلا ہے۔ ہمارا دھندا تو آپ جانتے ہیں امیر

زادوں کے ساتھ بندھا ہوا اترا ہے۔ کچھ سیر و تفریح، کچھ عیش و نشاط کا چرچا ہو تو بندۂ درگاہ کے ہاتھ بھی کچھ لگ جاتا ہے۔ ادھر اس کم بخت کوتوال شہر نے وہ ناک میں دم کر رکھا ہے کہ توبہ بھلی۔ دہلی کے شریفوں کو دو چار پانسے پھینکنے اور دوچار بازیاں تک لگانا محال ہو گیا ہے پھر اپنی پتی کہاں ؟

غالب : تمھیں بھلا اس کاروبار میں کیا مل جاتا ہے ؟

کاظم : ہم بھی پچھ لگوؤں میں ہیں حضور والا۔ مگر اصل حصہ تو اس کا ہے جس کے گھر پر جمے اس کی چاندی ہے۔ آپ کا محلہ ماشاء اللہ کوتوال کی نظروں سے بچا ہوا ہے اگر یہاں کوئی ٹھکانہ مل جائے تو بگڑی بن جائے۔

غالب :(ڈر کر) کیسی باتیں کرتے ہو کاظم علی۔

کاظم :ڈرنے کی کوئی بات نہیں ہے۔ آخر اپنی عمر بھی اسی کاروبار میں گزری ہے اگر کسی کو کانوں کان خبر ہو جائے تو قبلہ کاظم علی انتظام الدولہ کا سر قلم کرا دیجئے گا۔ بس ایک بار ہاں، کر دیجئے۔ سب انتظامات چٹکی بجاتے میں مکمل کرا دوں گا۔ سچ پوچھئے تو مرزا صاحب، اب دھندا ہی کونسا رہ گیا ہے۔ دربار سے خلعت اور منصب بند ہیں جاگیریں ختم ہو چکیں، نوکری ملتی نہیں۔ اب آخر گزارا چلے تو کیسے چلے۔ آپ ذرا اشارہ کیجئے واللہ سارے قرضے ایک ہی مرتبہ ادا ہو جائیں گے، پھر آپ دوسروں کے قصیدے نہیں لکھیں گے دوسرے آپ کے قصیدے پڑھتے پھریں گے۔

غالب :انتظام الدولہ !!

کاظم :بس میری خاطر، ایک بار !

غالب : نہیں۔۔۔ اب تم جاؤ، مجھے بھی ایک جگہ جانا ہے۔

کاظم :بہت بہتر، حضور۔ بندہ پھر حاضر ہو گا۔ آداب بجالاتا ہوں۔

غالب :(چوبدار کو آواز دیتے ہیں) ارے کوئی ہے، ہوادار تیار کراؤ۔

چوبدار :کہاں جانا ہے؟

غالب :دلی کالج۔

(۵)

مرزا :(قہقہہ لگاتا ہے۔)

غالب :ہنستے ہو۔

مرزا :آگے کی داستان مجھے معلوم ہے۔

غالب :کیا جانتے ہو تم؟

مرزا :یہی کہ تم ہوادار میں سوار ہو کر دلی کالج پہنچے۔ تمہیں نوکری کا پروانہ مل چکا تھا۔ دلی کالج میں فارسی پڑھانے کی خدمت تمہارے سپرد ہو چکی تھی۔ تم نوکری کرنے گئے تھے اور اس امید پر ہوادار میں بیٹھے رہے کہ کالج کا سربراہ تمہارے استقبال کو آئے گا۔ تمہارے استقبال کو کوئی نہیں آیا اور تم واپس چلے آئے۔

(ہنستا ہے۔)

غالب :جانتے ہو کیوں؟

مرزا :تم نے یہی کہا تھا کہ نا کہ "نوکری اس لئے کرنا چاہی تھی کہ عزت بڑھے۔ اس لئے نہیں کہ عزت اور کم ہو جائے۔"

غالب :جانتے ہو یہ لفظ کس کے ہیں؟

مرزا :کہو۔

غالب :یہ لفظ تمہارے تھے۔ شاعر قصیدے لکھ کر پیٹ پال سکتا ہے۔ بہت آگے بڑھے

تو مدرسی کر کے پڑھا لکھا کر جی سکتا ہے میں نے نوکری کرنی چاہی اور امیر زادے نے میرے پاؤں میں بیڑیاں ڈال دیں۔ تم نے مجھے عزت کا واسطہ دیا جھوٹی عزت کا واسطہ، تم نے خاندانی شان کی قسمیں دلائیں۔ جھوٹی شان کی جھوٹی قسمیں۔ امیر زادے تم نے مجھے دلی کالج کے دروازے سے واپس لوٹا دیا۔

مرزا : میں نے روکا تھا تمہیں۔ تم نے دلی کالج کے سربراہ انگریز کی شان میں زوردار قصیدہ پڑھا ہوتا۔

غالب : تم میرے ہمزاد تھے میری ذات کا حصہ تھا تمہیں کس طرح اپنے وجود سے کاٹ پھینکتا۔ تم نے میرے دل پر وہ گھونسا مارا کہ میں جھوٹی عزت کی خاطر دلی کالج کی نوکری کا خیال چھوڑ کر گھر لوٹ آیا۔ پھر وہی کنج قفس۔

(۶)

غالب : (چغہ اتار کر چوبدار کو دیتے ہیں۔ نظر انتظام الدولہ کاظم علی پر پڑتی ہے۔)

کاظم : قبلہ، آداب بجالاتا ہوں۔ کب سے آپ کے انتظار میں بیٹھا ہوں؟

غالب : کیوں؟ میں نے تم سے انتظار کرنے کو کب کہا تھا؟

کاظم : آپ نے تو نہیں فرمایا تھا مگر میرا دل کہتا تھا کہ مجھے انتظار کرنا چاہئے۔

غالب : کیا کہنا چاہتے ہو؟

کاظم : وہی پرانی بات ہے قبلہ، اپنا نہیں تو میرا خیال کیجئے آخر ایک مدت سے آپ کا نیاز مند ہوں۔ ایک بار 'ہاں' کر دیجئے۔ وارا نیارا ہو جائے گا۔ کوتوال شہر کی کیا مجال ہے کہ آپ کی حویلی کی طرف آنکھ اٹھا کر دیکھ لے۔ اس کے فرشتوں کو خبر تک نہ ہوگی۔

غالب : میں مجبور ہوں کاظم علی۔ مجھے منظور ہے۔

کاظم : (خوشی سے اچھل پڑتا ہے۔) مبارک ہو۔ مرزا صاحب، بس اب آپ کے سارے قرضے بے باق ہو جائیں گے۔ بس اب تو چاندی ہے چاندی۔ آج شام تک پانسہ پلٹ جائے گا۔

شرابی : اپنا میر کاظم علی بھی خدا کی قسم۔ برق ہے۔ کیا جگہ ڈھونڈ نکالی ہے۔ کوتوال شہر کے خواب و خیال میں بھی نہیں گزر سکتی۔

دوسرا جواری : بس اب بات چیت موقوف، نقدی نکالو اور بازی سنبھالو۔

تیسرا جواری : نال کی رقم مرزا صاحب کی۔

کاظم علی : مرزا صاحب قبلہ، گستاخی معاف۔ سنتا ہوں آپ بھی بے نظیر کھیلتے ہیں اجازت ہو تو دو بازیاں ذرا بد کے ہو جائیں۔

غالب : اچھا، یوں ہی سہی۔

دوسرا جواری : اچھا تو بازی شروع، نقدی نکالو یارو نقدی!

شرابی : نقدی، یہ لو نقدی، ہر جگہ نقدی کی پکار ہے۔ نقدی نہ ہوئی نعوذ باللہ خدا ہو گئی۔

جواری : اجی حضرت، اسی کی دھن پر خدائی ناچتی ہے۔

شرابی : ناچتی ہے تو ناچے ہم ایسی کو ٹھوکر مارتے ہیں۔

(دستک)

غالب : کون، اس وقت کون ہے؟

باہر سے آواز : سواریاں آئی ہیں۔

کاظم : کوئی بات نہیں آپ اطمینان سے دروازہ کھول دیں اور کھیل جاری رکھیں۔

(دروازہ کھلتا ہے۔)

کوتوال : خبردار میں کوتوال شہر کی حیثیت سے تم سب کو قمار بازی کے جرم میں گرفتار

کرتا ہوں۔ مرزا صاحب قبلہ مجھے افسوس ہے۔ سپاہیو سب کو حراست میں لے (ڈانٹتا ہے۔) لے چلو۔

یوسف مرزا : (اچانک داخلہ) خبر دار! جو کسی نے آگے قدم بڑھایا۔ میرے بھائی کو چھوڑ دو۔ نہیں تو ایک ایک کو قتل کر دوں گا۔ (لوگ ان کا ہاتھ پکڑ لیتے ہیں۔) تم سب دیوانے ہو۔ میرا ہاتھ روکتے ہو۔ انھیں کچھ نہیں کہتے جو ہاتھ قلم کرتے ہیں اور منصف کہلاتے ہیں۔ جو گلے میں پھانسی کا پھندا ڈالتے ہیں اور خداوند کہے جاتے ہیں۔ میرا کیا ہے۔ آفتاب کو قتل کر دو، ماہتاب کو زنجیریں پہنا دو، پھولوں کو شاخوں سے نوچ لو۔ نسیم سحر کو پاؤں میں گھنگھرو پہنا کر نچاؤ، شاہراہوں پر خون دل کا چھڑکاؤ کرو، لبوں پر مہریں لگا دو، آنکھوں میں دہکتی ہوئی سلاخیں ڈال دو۔ میرا کیا ہے میں اپنے رستے جاتا ہوں۔

(چلے جاتے ہیں۔)

غالب : تمہارے ہاتھوں مجھے پہلی شکست ہوئی۔ ایک امیر زادے نے شاعر کو ہرا دیا۔

مرزا : امیر زادے ہمیشہ شاعروں کو ہراتے ہیں۔

غالب : اور آج۔ جب میرا جشن منایا جا رہا ہے امیر زادہ کہاں ہے، آج نجم الدولہ دبیر الملک مرزا اسد اللہ خان بیگ سب مر گئے ہیں، ان کی ہڈیاں گل سڑ کر خاک میں مل گئیں۔ صرف غالب زندہ ہے۔ صرف غالب۔

مرزا : چلو جیل خانے کا تجربہ بھی اچھا تھا۔

غالب : ہاں تمہارے کپڑے میلے کچیلے تھے کھانے میں مٹی اور کنکر تھے مگر میرے ہونٹوں پر شعر تھے تمہاری روح زخمی تھی اور میرے لبوں پر نغمہ تھا۔

مرزا : اور وہاں سے واپسی پر تم نے مجھ سے انتقام لے لیا۔

غالب : یعنی آخر مغل بادشاہ بہادر شاہ نے مجھے اپنا استاد مقرر کر کے تمہیں زک دے

دی۔

مرزا :یوں پوچھتے ہو جیسے تمہیں اس کی خبر ہی نہیں؟

غالب :مجھے خبر ہے میں نے ہی تو کہا تھا:

غالب وظیفہ خوار ہو دو بادشاہ کو دعا

وہ دن گئے کہ کہتے تھے نوکر نہیں ہوں میں

مرزا :مٹتی ہوئی دلی میں مٹتے ہوئے شہنشاہ کے استاد۔

(طنزیہ ہنسی)

غالب :امیر زادہ ہار گیا، شاعر جیت گیا۔

مرزا :میرے اوپر طنز کرتے ہو۔

غالب :لوگوں کو زمین کے کونے، کھنڈروں میں خزانے ملتے ہیں۔ مجھے یہ خزانہ قید خانے کے ایک گوشے میں ملا۔

مرزا :خزانہ؟

غالب :ہاں خزانہ یہ تھا کہ سرشاری اور سرخوشی وہ ہے جو دکھ درد سے ڈر کر نہیں اس کے باوجود حاصل ہو نسان، وہ غم ساری تلخی اور ترشی کو زندگی کا حصہ سمجھ کر اسے نشاط و کیف کا جزو بنالے میں نے اپنا ساغر سرشار صبح محشر کی ہل چل سے ڈھال لیا۔ میں نے اپنی محرومیوں پر ہنسنے کا حوصلہ پایا اس کے بعد سب کچھ ہیچ تھا۔

مرزا :پھر یہ قصیدہ نگاری؟

غالب :یہ بھی ہیچ تھی قصیدہ بھی اک طرح کا جو اتھا محض بھیک کا پیالہ۔

مرزا :اور اسی لئے ایک نام کاٹ کر دوسرے ممدوح کا نام لکھتے رہے۔

غالب :(طنزیہ ہنسی) مٹتی ہوئی دلی کے ایک مفلس شاعر کو اتنی آزادی بھی نہ دو گے۔

میں نے اسی خزانے کے پالینے کے بعد ہنسنا سیکھ لیا۔

مرزا :تم بہادر شاہ کے مورخ بنے۔ ۱۸۵۷ء کے ہنگامے میں تم نے اپنا روزنامچہ لکھا۔ دستنبونام اچھا تھا مگر تم نے اپنے بھائی کے ساتھ ناانصافی کی۔

غالب :کیسی بے انصافی؟

مرزا :کیا تمہیں معلوم نہ تھا کہ تمہارا بھائی بخار میں مبتلا ہو کر نہیں مرا فرنگی سپاہیوں نے اسے گولی کا نشانہ بنایا۔

غالب :معلوم ہے۔

مرزا :تو پھر؟

غالب :جو کچھ ہوا تم دیکھو گے سنو گے۔

مرزا :ضرور۔

(غالب دیوان خانے میں بیٹھے ہیں کہ یکایک شور و غوغا سنائی دیتا ہے۔ توپوں کی گھن گرج، شور، نالہ و فریاد رونے چیخنے کی آوازیں۔ غالب کا چوبدار گھبرایا ہوا داخل ہوتا ہے اور دروازہ بند کرنا چاہتا ہے۔)

غالب :کیا ہوا؟

چوبدار :غضب ہو گیا حضور، فرنگی سپاہی شہر میں گھس آئے ہیں۔ شہر میں فرنگیوں اور باغیوں کے بیچ ہنگامہ مچا ہوا ہے، مکان لوٹے جا رہے ہیں، لوگ مارے جا رہے ہیں۔

(شور پھر بڑھتا ہے۔ دین دین۔ دھرم دھرم کی آوازیں، ایک انگریز کی آواز Fire گولیوں کی آوازیں۔)

یوسف مرزا :(ایک دم آگے بڑھتے ہیں اور دروازہ کھول کر باہر جانا چاہتے ہیں۔)

غالب :یوسف مرزا کیا کرتے ہو، باہر جانے میں خطرہ ہے۔

یوسف مرزا   : اب آئے ہیں کھیلن ہوری (گاتے ہوئے) اب آئے ہیں کھیلن ہوری۔۔۔

غالب   : (دوبارہ روکتے ہوئے) یوسف مرزا۔

یوسف مرزا   : وہ سب بلا رہے ہیں دلی مجھے بلا رہی ہے، کب سے چلا چلا کر بلا رہی ہے، دلی کی فریاد کوئی نہیں سنتا۔ کوئی بھی نہیں سنتا۔ (یہ کہتے ہوئے ایک دم دروازہ کھول کر باہر چلے جاتے ہیں۔) ملک خدا کا، خلق غالب کی، حکیم یوسف مرزا بہادر کا فرنگی مر گیا، دلی جاگ گئی۔

(Fire) کی آواز کے ساتھ یوسف مرزا کی بھیانک چیخ اور شور)

غالب   : (دروازہ کھول کر دیکھتے ہیں۔ چوبدار یوسف مرزا کی لاش کو اندر لاتا ہے خون بہہ رہا ہے۔) گولی مار دی۔ اسے کیوں گولی مار دی؟ وہ کون سے ملک کا بادشاہ تھا۔ کیا کیا تھا اس نے۔ میرے دیوانے بھائی نے ان ظالموں کا کیا بگاڑا تھا۔ (بیگم لاش پر آہ و بکا کرنے لگتی ہیں۔ غالب انھیں روکتے ہیں۔) نہ روؤ بیگم۔ اب رونے سے کیا ہو گا۔ میرا دیوانہ بھائی اب اس دنیا میں نہیں۔ سب کچھ لٹ گیا۔ خدا نے اسے ایک زندگی دی تھی وہ بھی لوٹ لی۔ ایک بار اس دنیا میں آنا اور اس قدر ناکامی و نامرادی سے رخصت ہونا، زندگی کا ایسا انمول تحفہ اور اتنی بڑی سزا۔ ایسا بیش بہا موتی اور اس طرح کیچڑ میں بہا دیا جائے۔

مرزا   : مگر پھر تم نے ۱۸۵۸ء کے اپنے فارسی روزنامچے میں یہ سب کیوں نہیں لکھا۔

غالب   : تم نے مجھے کہاں لکھنے دیا امیر زادے نے میرے ہاتھ سے قلم چھین لیا۔ شاعر تو مجاہد بھی بن سکتا تھا مگر امیر زادہ بزدل ہوتا ہے اسے تو اپنے حلوے مانڈے سے کام تھا اسے تو انگریزوں کے دربار کی اگلی صف میں جگہ چاہئے تھی خطاب درکار تھا جھوٹی عزت چاہئے تھی تم میری کمزوری تھے اور میں نے جھوٹ لکھ دیا کہ میر ادیوانہ بھائی بخار میں مبتلا

ہو کر مر گیا۔ میں یہ نہ دیکھ سکا کہ انگریز سپاہیوں نے اسے گولی ماردی تھی۔ یہ بھی نہ لکھ سکا کہ میں نے بہادر شاہ کی حکومت دوبارہ قائم ہو جانے پر "سکہ" کہہ کر دیا تھا۔

مرزا　:الزام میرے سر رکھتے ہو تمہیں اندازہ نہیں تھا کہ حالات اس طرح پلٹا کھائیں گے۔

غالب　:امیر زادے کو ان حالات کا پتہ ہونا چاہئے تھا۔ شاعر تو اپنی دنیا آپ ہے میں صرف شعر گنگنا کر خاموش ہو گیا:

دل ہی تو ہے نہ سنگ وخشت درد سے بھر نہ آئے کیوں
روئیں گے ہم ہزار بار کوئی ہمیں ستائے کیوں
دیر نہیں حرم نہیں در نہیں آستاں نہیں
بیٹھے ہیں رہ گزر پہ ہم، کوئی ہمیں اٹھائے کیوں
قید حیات وبند غم اصل میں دونوں ایک ہیں
موت سے پہلے آدمی غم سے نجات پائے کیوں

مرزا　:شاعر اچھے ہو غالب۔

غالب　:قدر افزائی کا شکریہ ظل سبحانی نے بھی ایک بار غزل سن کر فرمایا، مرزا پڑھتے خوب ہو۔

مرزا　:یہ بتاؤ کہ زندگی ایسی بے دردی سے گزارنے کے بعد ایسے بے پناہ شعر کیسے کہہ لئے تم نے مجھے خبر بھی نہیں دی۔

غالب　:امیر زادوں کو کس کی خبر ہوتی ہے، تم جانتے نہیں یا جان بوجھ کر انجان بنتے ہو میں اگر کامیاب ہو جاتا پنشن پالیتا، خلعت اور منصب مجھے مل جاتا میں بھی اپنے باپ چچا کی طرح رسالدار ہو جاتا۔۔۔۔۔۔ تو میں امیر زادوں ہی کی باتیں کرتا کھوکھلی بے سر و پا

سطحی، مگر درد نے مجھے اس دلدل سے نکال کر پورے زمانے کے انسانوں کی صف میں لا کھڑا کیا میں نے اپنے زمانے کا درد لے لیا میں اپنے دور کے سبھی انسانوں کو عبرت اور عظمت کا مرقع بن گیا میں نے کہا ہے۔

مرزا : پھر شعر سناؤ گے۔

غالب : نہیں، شعر فہمی تم میں کہاں، تمہیں ترجمہ سناتا ہوں۔ "اس نے چہرہ بے نقاب کر دیا۔ میرے بے ہودہ بکنے والے ہونٹوں پر مہر لگا دی ہے میرا دل لے لیا اور دیکھنے والی دو آنکھیں دے دیں میرے ہاتھ سے بادشاہان عجم کا نشان لے لیا گیا اور اس کے بدلے میں خزانے بخشنے والا قلم دے دیا۔" یہ شاعری جس کی تم کبھی کبھی تعریف کرتے ہو اور سمجھتے ہو کہ اس کا حق ادا ہو گیا ہے یہ شاعری میری پوری زندگی کے دکھ درد کا مول ہے۔

مرزا : دکھ درد کی بات نہ کرو۔ مزے سے شراب پیتے ہو، چین سے خط لکھتے ہو، بڑھاپے میں بھی تمہارے اوپر جان چھڑکنے والے دوست اور شاگرد سبھی موجود ہیں۔

غالب : اور قاطع برہان کے ہنگامے پر گالیاں دینے والے؟

مرزا : اس ہنگامے میں تم خواہ مخواہ پڑ گئے اپنا علم و فضل جتانے کے لئے۔

غالب : شاعر کو لفظ اور لغت پر اظہار خیال کی آزادی نہیں دو گے۔

مرزا : تمہاری اکثر رائیں غلط تھیں۔

غالب : کیا مجھے غلط رائے رکھنے کا حق نہیں تھا۔

مرزا : ہو گا، میں کہہ رہا تھا کہ بڑھاپے میں تمہیں سبھی عیش مل گئے تھے شہرت بچوں کا سکھ، عارف کے بچے کیا کیا مزے کرتے تھے۔ پلنگ کی صاف چادروں پر میلے میلے پاؤں لے کر چڑھتے، کیا کیا تنگ کرتے تھے۔

غالب : ہاں انھیں کو تو میں نے اپنے خطوں میں ہتھکڑیاں کہا ہے۔ انھوں نے زندگی کا

موہ پیدا کر دیا۔

مرزا : پھر نواب رام پور جیسے قدر دان جو برابر سے ملتے تھے اور سلوک کرتے تھے۔

غالب : میری مسرتوں کو روپے پیسے، دوستوں اور خاندان کے دکھ سکھ سے ناپتے ہو، بڑے نادان ہو۔

مرزا : احسان فراموش ہو، امیر زادے نہ ہوتے تو زندگی سے پیار کرنا سیکھتے، عیش کا مطلب نہ سمجھتے، عزت کی تڑپ سے واقف نہ ہوتے۔

غالب : اور ان نعمتوں کے لئے جب تڑپتا ہوں تو تم ہنستے ہو، زندگی بھر میں روتا رہا اور تم ہنستے رہے۔۔۔ تم نے زندگی سے بے پناہ پیار سکھایا مگر فقط اس کا لالچ دیا، اس کا عرفان نہیں دیا۔ شاعری کیا ہے مرزا، صرف زندگی اور حسن سے بے پناہ پیار۔ اس کی لذت، اس کی بے پناہ خوبصورتی سے لگاؤ۔ پھر اپنی تنگ دامنی کو دیکھتا ہوں تو تڑپتا ہوں، اپنی مجبوری پر روتا ہوں، اپنی نارسائی پر اگر کوئی مستی اور محرومی کا شاعری ہو سکتا ہے تو میں ہوں، مرزا۔ اور محرومی کے اس دوراہے پر بانکپن سے اپنی ٹوپی ٹیڑھی کرتا ہوں اور غم پر قہقہہ لگاتا ہوں، درد کے زہر کو مسکراتے مسکراتے شراب ناب کی طرح پی جاتا ہوں۔ میں نے آبگینے کے ٹکڑے گلا کر شراب میں ڈال لئے ہیں کہ سینہ زخمی ہوا اور لب مسکراتے رہیں۔

مرزا : یہ ہمت!

غالب : یہ ہمت ہی میرے اور تمہارے درمیان مشترک ہے۔ یہ ہمت ہی میرے اور آج کے زمانے کے درمیان ہے۔ یہ ہمت ہی مجھے زندہ رکھتی ہے میں دیکھتا ہوں آج کے نوجوان کے چہرے مرجھائے ہوئے اور اداس ہیں مگر میں نے دیکھا ہے کہ جب میرا دیوان پڑھتے ہیں۔

مرزا :وہی چھوٹا سا رد دیوان!

غالب :جی ہاں وہ پڑھتے ہیں تو ان کے چہروں پر اک حوصلہ ابھرتا ہے یہ کہ وہ زندگی سے ہاریں گے نہیں، یہ کہ وہ آرزومندی کی تڑپ سے دامن نہیں بچائیں گے، وہ پھر چاہیں گے دل کی گہرائیوں سے، پھر تمنا کریں گے اور پھر ٹوٹتی آرزوؤں کی جہنموں سے گزریں گے۔

مرزا :تمہارا شکوہ پورا ہوا مگر میں۔

غالب :تمہارا کیا ہے تم ہزاروں لاکھوں امیر زادوں کی طرح ایک امیر زادے تھے عیش کئے یا عیش کی تمنا کی اور واپس چلے گئے۔

مرزا :ہر وجود ایک سوال ہے، میرا وجود ایک ایسے زمانے میں جب تمام چیزیں جو مجھے عزیز تھیں مٹ رہی تھیں۔ بہت بڑا سوال تھا۔ تمہیں کیا حق تھا کہ اس طرح مجھ سے کھیلو، جو مجھے عزیز تھا وہ مجھ سے چھین لیا اور جو کچھ آنے والا ہے اسے قبول کرنے پر مجھے مجبور کرو۔ صبح کے وقت تم نے کبھی چراغوں کی بے بسی دیکھی ہے۔ تم تو شاعر ہو۔۔۔ کیا تم بھی اس ادھورے پن کو محسوس نہ کر سکے اور آج اس ادھورے انسان پر رونے والا بھی کوئی نہیں ہے۔ تمہارے سب پجاری ہیں شاعر غالب کے سب شیدائی ہیں لیکن مرزا نوشہ کا کوئی ہمدم، کوئی دوست، کوئی آشنا نہیں۔

(دروازے پر دستک ہوتی ہے۔ غالب کھولنے جاتے ہیں۔ اس بار مرزا نوشہ نہیں روکتے۔ دروازہ کھولنا چاہتے ہیں پھر کچھ سوچ کر خود ہی دروازہ کھولنے کا ارادہ ملتوی کر دیتے ہیں۔)

(پس منظر سے غزل کے اشعار ابھرتے ہیں۔)

آہ کو چاہئے اک عمر اثر ہونے تک

کون جیتا ہے تری زلف کے سر ہونے تک
عاشقی صبر طلب اور تمنا بے تاب
دل کا کیا رنگ کروں خون جگر ہونے تک
غم ہستی کا اسدؔ کس سے ہو جز مرگ علاج
شمع ہر رنگ میں جلتی ہے سحر ہونے تک

(پردہ گرتا ہے۔)

***

خوابوں کا سوداگر
ڈاکٹر محمد حسن

(بس تیزی سے قریب آنے اور گزر جانے کی آواز)

نرمل : خواہ مخواہ دوڑ رہے ہیں لوگ۔ نہیں رکے گی۔

گردھاری : (دوڑنے کی آواز) کنڈکٹر بس روکو۔ بس روکو۔

(بس گزر جاتی ہے۔)

نرمل : میں نے کہا تھا نہیں رکے گی۔

گردھاری : روکو! روکو!!

(دور تک دوڑتا چلا جاتا ہے بس گزر جاتی ہے۔ گردھاری ہانپتا ہوا واپس آتا ہے۔)

گردھاری : دیکھا آپ نے۔ کیسے لاپرواہ ہوتے ہیں یہ ڈرائیور۔

مولانا : اجی قبلہ۔ آپ نے ناحق زحمت کی۔ پہلے ہی عرض کیا جا رہا تھا کہ نہیں رکے گی۔

نرمل : ہاں جی۔ بڑے ظالم ہوتے ہیں کسی کی جان بھی چلی جائے تو گاڑی نہیں روکیں گے۔

گردھاری : مجا آتا ہے ستانے میں۔

مولانا : اجی حضرت دراصل یہ سواری ہی نہایت نامعقول ہے۔ واللہ ایسی سواری پر

بزرگ لعنت بھیج گئے ہیں جس کی باگ ڈور اپنے ہاتھ میں نہ ہو گویا ہماری آپ کی سب کی جان نعوذ باللہ اس کنڈیکٹر بلکہ کیا کہتے ہیں اس ڈرائیور کے ہاتھ میں ہے چاہے ٹکر مار دے۔ یہ بھی کوئی سواری ہے۔

گر دھاری : مگر جناب۔

مولانا : قطع کلام معاف۔ پھر یہ بھی کیا بات ہوئی کہ استغفر اللہ عورتیں تک شرفا کے کندھے سے کندھا ملا کر بیٹھی ہیں۔ ڈوب مرنے کا مقام ہے شریفوں کے لئے۔

گر دھاری : تو پھر جناب بس میں سفر کرنا۔

مولانا : جی ہاں سراسر ظلم ہے، ستم ہے۔

گر دھاری : مگر مولانا! بس میں نہ بیٹھیں تو روز پندرہ میل آنا اور پندرہ میل جانا! پیدل آتے جاتے جوتیاں خود گھس کر آدھے رہ جائیں گے۔

مولانا : ہاں صاحب یہ بات بھی ٹھیک ہے۔ سفر نہ کرے تو کیا کرے۔ ٹیکسی والوں کے دماغ نہیں ملتے۔ موٹر اسکوٹر ہمارے آپ کے پاس ہونے سے رہا لے دے کے غریبوں کی چشم و چراغ یہی ایک بس ہے۔

نرمل : یہ بھی ٹھیک ہے۔ مزا یہی ہے یارو کہ اس زندگی کی ہر بات ٹھیک بھی ہے اور غلط بھی۔ چلو چھوڑو یارو۔ بس تو گزر گئی کوئی زندگی تو نہیں گزر گئی۔

گر دھاری : واہ صاحب واہ! یہاں دوڑتے دوڑتے پلیتھن نکل گیا اور آپ کے نزدیک کچھ ہوا ہی نہیں۔ آخر ذرا دھیان کیجئے کہ کوئی ایسا ہی ضرور کام رہا ہو گا۔ نہیں تو میں بھی انتظار کر سکتا تھا۔

نرمل : ہاں صاحب یہ تو ہے۔

مولانا : جی ہاں جناب کوئی اپنے اختیار سے راستے کی دھول پھانکنے آتا ہے۔ مجبوری نہ ہو

تو اپنا گھر کیسے برا لگتا ہے۔ مجبوری نہ ہو تو کوئی اس نامعقول سواری میں قدم رکھے۔ بے بس کر دیتی ہے کمبخت اور لطف یہ ہے کہ نام رکھا ہے بس۔ قدرت کی ستم ظریفی ہے۔ شاعر کہہ گیا ہے:

لائی حیات آئے قضا لے چلی چلے
اپنی خوشی نہ آئے نہ اپنی خوشی چلے

نرمل :تو گویا بس نہ ہوئی دنیا ہو گئی۔ کوئی اپنی خوشی سے آتا ہے؟

مولانا :واہ برخوردار! کیا بات پیدا کی ہے۔ کوئی اپنی خوشی سے نہیں آتا اور واپس جانے کے لئے بہت انتظار کرنا پڑتا ہے۔

نرمل :مگر واپس تو خود بھی جا سکتا ہے۔

مولانا :بے اس کے حکم کے پتا نہیں ہل سکتا جس کی جس وقت لکھی ہے اس وقت آئے گی۔

نرمل :میں آج خودکشی کرنے کا ارادہ کر لوں تو سامنے قطب مینار سے ایک چھلانگ لگا کر ہمیشہ کے لئے!

مولانا :خدا نہ کرے۔ برخوردار ایسی باتیں کیوں زبان سے نکالتے ہو۔ توبہ توبہ!!

گردھاری :آپ لوگوں کو شاعری سوجھ رہی ہے۔ وہ دیکھئے دوسری بس آنے والی ہے۔

جی نہیں موبائل کورٹ ہے۔

مولانا :یعنی۔

نرمل :چلتی پھرتی عدالت۔ بس میں بلا ٹکٹ سفر کرنے والوں کا چالان کیا جاتا ہے۔

مولانا :بہت خوب۔ گویا پہلے تو بس میں سفر کرنے پر مجبور کئے جاتے ہیں۔ پھر بلا ٹکٹ

سفر کرنے کی گنجائش پیدا کی جاتی ہے۔ پھر چالان کر کے کیفر کردار تک پہنچائے جاتے ہیں
:

قرباں ہجوم رحمت پروردگار کے

(بس قریب سے گزر جاتی ہے۔)

گردھاری :ہماری بس ابھی تک نہیں آئی۔

نرمل :اجی اتنی جلدی بھی کیا ہے۔ بس آتے آتے ہی آئے گی ذرا دم لیجئے۔

گردھاری :میں زندگی بھر دم لینے کو تیار ہوں۔ مگر کوئی دم لینے تو دے۔ بچے کی دوا آنی ہے۔ پھر سودا سلف لے جا کر گھر والی کے حوالے کرنا ہے۔ پھر دفتر کی راہ لینی ہے۔ ذرا سا وقت ہے اس میں اتنے بہت سے کام کیسے ہوں گے۔

نرمل :سچ کہتا ہوں (مسکرا کر) مجھ سے زندگی بدل لیجئے۔ میرے پاس وقت ہے۔ وقت بے کراں سمندر ہے۔ بے اور چھور کا ریگستان ہے۔ خرید لیجئے۔ میں وقت بیچتا ہوں اور اب تک کسی نے یہ بے بہا خزانہ خریدا نہیں ہے۔ میں ابھی تک بیکار ہوں۔

مولانا :خدا نے چاہا تو نوکری مل جائے گی۔

نرمل :نہیں مولانا۔ میں اب زیادہ انتظار نہیں کر سکتا۔ بہت دیر ہو چکی ہے۔

گردھاری :آپ بھاگیہ وان ہیں بھائی! یہاں ایک طرف دفتر کا چکر ہے۔ پانچ منٹ دیر ہو گئی تو ہیڈ کلرک آنکھیں نکال رہا ہے۔ ساتھی سنگی چغلی کھا رہے ہیں۔ گھر پہنچو تو نون، تیل، لکڑی کا چکر۔ گھر والی منہ پھلائے بیٹھی ہے۔ ایک بچہ بیمار ہے۔ پچھلے ہفتے دوسرا جھولے سے نیچے گر پڑا ہے۔ اس سے پچھلے ہفتے سب سے چھوٹے کو دانت نکلنے میں بخار آگیا۔

مولانا :تو آپ کے چار بچے ہیں۔

گردھاری :جی آپ کی کرپا سے۔

مولانا :ارے بھائی۔ میں نام بھولا آپ کا۔

گردھاری :گردھاری لال۔

مولانا :ارے بھائی گردھاری لال جی! پہلے سے کیوں نہیں بتایا آپ نے۔ پچھلے تین دن سے پریشان ہو رہا ہوں۔ بیس ہزار کا معاملہ ہے کسی ایسے شخص کی تلاش ہے جس کے چار بچے ہوں۔

گردھاری :بیس ہزار کا!

مولانا :جی ہاں جناب بیس ہزار کا۔ اچھا تو جناب یہ بتایئے کہ جن والدین کے چار بچے ہوتے ہیں ان کی پانچویں بچے سے کیا ہوتی ہے ؟!

گردھاری :میں آپ کا مطلب نہیں سمجھا؟

مولانا :اوہو۔ عاقل بالغ ہیں آپ ماشاء اللہ۔ سیدھی سی بات ہے۔ یہ بتایئے کہ آپ کو اپنے پانچویں بچے سے کیا ہے۔ نفرت، محبت، چاہت، ہیبت، راحت، مروت۔

گردھاری :میں نے کہا تا کہ میرے چار بچے ہیں۔

مولانا :وہ تو میں سمجھ گیا۔ میں پوچھتا ہوں آپ کو پانچویں بچے سے کیا ہے ؟

گردھاری :مجھے کچھ سمجھ نہیں آتی۔

مولانا :نہیں سمجھے آپ۔ ارے بھائی معمے کا اشارہ ہے۔ آپ سے بہتر بھلا کون بتا سکتا ہے۔ ذرا دماغ پر زور ڈالے۔ ذرا دھیان سے سوچیئے۔ یعنی آپ کو اپنے پانچویں بچے سے کیا ہے۔ آپ نے ٹھیک بتا دیا تو بخدا اول انعام کہیں نہیں گیا ہے۔ صاف بیس ہزار روپے ہاتھ جائے گا۔ ہاں تو کیا ہوتی ہے ؟

گردھاری :مجھے کچھ نہیں ہوتی پانچویں بچے سے، اور ہوتی بھی ہے تو نہیں بتاتا۔

مولانا :اوہ آپ تو ناحق ناراض ہو گئے۔ بھائی، گردھاری لال صاحب۔ واللہ آپ کا بڑا احسان ہو گا آخر آپ کا حرج ہی کیا ہے بتانے میں۔

گردھاری :اور جو میں نہ بتانا چاہوں۔

مولانا :تو ناحق آپ کے سر بہت سی ذمہ داریاں آجائیں گی آپ کے نہ بتانے سے بیس ہزار روپیہ کا نقصان ہو گا۔ میرے قرض خواہوں کا قرضہ ادا نہ ہو گا۔ مالک مکان سال بھر کا کرایہ نہ لے سکے گا۔ بیوی کے زیور گروی پڑے رہیں گے اور آپ جانتے ہیں اس سارے عذاب کی ذمہ داری آپ کی گردن پر ہو گی۔

گردھاری :یہ تو آپ سراسر انیائے کر رہے ہیں۔

مولانا :کاش مجھے صحیح اشارہ معلوم ہوتا۔

گردھاری :اور باقی اشارے۔

مولانا :باقی سب اشارے مجھے معلوم ہیں اور ان تک کوئی دوسرا نہیں پہنچ سکتا۔

نرمل :مولانا! معمہ جیتنا بہت ضروری ہے۔ لیکن کبھی کبھی ہار میں بھی مزا ہوتا ہے۔

مولانا :نہایت ضروری ہے برخوردار۔ نہایت ضروری ہے۔ میں سارے اشارے حل کر چکا ہوں۔

نرمل :دنیا کا ہر مذہب، ہر فلسفہ یہی کہتا آیا ہے کہ مولانا کہ اسے زندگی کے معمے کے سارے اشارے معلوم ہیں اور ان تک دوسرا کوئی نہیں پہنچ سکتا مگر ایک آخری اشارہ پھر بھی باقی رہ جاتا ہے اسے کوئی نہیں جانتا۔ وہ لفظ کسے معلوم ہے جو زندگی کے معمے کو حل کر سکے شاید اس لفظ کو کوئی نہیں جانتا۔ یہی ایک لفظ ہم سب کی تقدیر ہے۔

مولانا :حضرت! آپ خواہ مخواہ دخل در معقولات کر رہے ہیں۔

گردھاری :وہ ٹھیک کر رہے ہیں۔ مجھے کوئی اشارہ نہیں آتا۔ مجھے آتا تو میں اس

طرح بس کے پیچھے دوڑ دوڑ کر ہلکان ہوتا۔ میرے پاس بھی کار ہوتی۔ میں بھی آرام سے رہتا اور آپ سب پر ہنستا ہوا زوں سے کار میں گزر جاتا۔

مولانا : دھول اڑاتا ہوا!

گردھاری : جی؟

مولانا : تو کیا سچ مچ کوئی ایسا نہیں ہے جو یہ اشارہ حل کر سکے۔

نرمل : شاید کوئی نہیں۔ کوئی بھی نہیں۔

گردھاری : اس ۷۱نمبر بس کی سروس نہایت خراب ہے بہت دیر سے آتی ہے اور جب آتی ہے تو بھری ہوتی ہے۔

مولانا : بسیں کم ہیں مسافر زیادہ ہیں۔

گردھاری : اس لئے برتھ کنٹرول پر زور دیا جا رہا ہے کہ بسیں زیادہ اور آدمی کم ہو جائیں گے۔ تب سب آرام سے سفر کر سکیں گے۔

نرمل : اجی سب بکواس ہے گردھاری لال جی۔ پیدائش پر کنٹرول۔ مگر زندہ رکھنے پر اصرار۔ میں کہتا ہوں کروڑوں اربوں انسان جن کی زندگی کے مسئلوں کی کوئی ذمہ داری لینے کو تیار نہیں ہے انھیں مرنے کی آزادی کیوں نہیں دی جا سکتی۔

مولانا : میاں صاحبزادے! تم بہت خوفناک باتیں کرتے ہو۔ مجھے موت سے نہایت ڈر معلوم ہوتا ہے۔

نرمل : اس میں ڈرنے کی کیا بات ہے مولانا۔ ہم سب بچے جواں، بوڑھے، مرد، عورت سب کے سب ایسے مجرم ہیں جنھیں سزائے موت دی جا چکی ہے۔ مگر پھانسی کی تاریخ مقرر نہیں ہوئی ہے جس دن وہ تاریخ آ جائے گی جلاد ہماری کوٹھری میں چپکے سے داخل ہو کر ہمیں ساتھ لے جائے گا اور پھر ایک لمحے میں سب کچھ ختم ہو جائے گا۔ پانی پانی میں،

ہوا ہوا میں، مٹی مٹی میں، آگ آگ میں مل جائے گی۔ اس میں ڈرنے کی کیا بات ہے۔

مولانا :موت کا نام نہ لو برخوردار۔

گردھاری :کچھ اور باتیں کرو بھائی۔

نرمل :موت سے بڑی اور کوئی بات اس زندگی میں نہیں ہو سکتی۔ آپ اتنے گھبراتے کیوں ہیں۔ موت کی بھی ایک خوشبو ہوتی ہے جو انسان کو اختیار کا سبق سکھاتی ہے، بتاتی ہے کہ اس کے لئے بس کا انتظار کرنا ضروری نہیں ہے۔

مولانا :(غصے سے) لاحول ولا قوت میاں صاحبزادے تم اس نامراد ذکر سے باز نہیں آؤ گے۔

نرمل :(لطف لے کر) مجھے اس ذکر میں مزا آتا ہے۔

مولانا :لاحول ولا قوۃ۔ بلکہ استغفر اللہ۔ میاں جوانی میں لوگ عشق و عاشقی کی باتیں کیا کرتے ہیں۔ مرتے تو ہیں مگر کسی پر مرتے ہیں۔

نرمل :جی، آج کے زمانے میں ؟!

مولانا :میاں، ہر زمانے میں۔ آج زمانے میں کیا سرخاب کے پر لگے ہوئے ہیں ہر زمانے میں نوجوان عشق کرتے رہے ہیں اور جب تک دنیا قائم ہے کرتے رہیں گے۔

نرمل :آپ بھولتے ہیں مولانا! آج کا نوجوان عشق اور پریم سے بے خبر ہے اسے آپ نے روزگار، تعلیم اور گھربار کے جنجال میں اس طرح پھنسا دیا ہے کہ اس کے لئے زندگی کی ساری برکتیں بے معنی ہو کر رہ گئیں ہیں۔ وہ بس اسٹاپ پر چند لمحوں کی نظر بازی یا ایک مسکراہٹ ہی کو سب سے بڑی دولت جان کر خوش ہو لیتا ہے۔ اسے عشق کی آگ میں تپنے کا مزا معلوم ہی نہیں۔ اس کے لئے یہ دلاسا ہی بہت ہے۔

مولانا :دنیا اب بھی بہت رنگین ہے صاحبزادے۔

گردھاری :یہ تو ٹھیک کہہ رہے ہو مولانا! میں نے تو اپنی زندگی میں کبھی لڑکیوں کو بے آستین کے قمیض پہنے نہیں دیکھا تھا۔

مولانا :تو صاحبزادے مہرولی جاکر قیام کرنے کا ارادہ ہے یا قطب مینار کی لاٹ پر رہائش اختیار کروگے۔

نرمل :ابھی میں نے کچھ طے نہیں کیا ہے۔ آپ کے پاس قلم ہوگا۔

گردھاری :ہاں یہ لیجئے۔

نرمل :مجھے ایک ضروری خط لکھنا ہے۔

مولانا :عجیب آدمی ہو، استاد! بس اسٹاپ پر خط وکتابت یعنی چہ معنی دارد؟

(تھوڑی دیر خاموشی رہتی ہے۔)

نرمل :آپ دونوں مجھے اس طرح گھور گھور کر کیوں دیکھ رہے ہیں۔

(خاموشی قائم رہتی ہے۔)

نرمل :(ایک دم چیخ کر) آپ کیا جاننا چاہتے ہیں۔ میں خودکشی کر رہا ہوں میں پاگل ہوں۔ میری زندگی اکارت ہے اور میرے اس ارادے سے مجھے کوئی بھی روک نہیں سکے گا۔ جایئے آپ پولیس کو اطلاع کر دیجئے، قانون سے کہئے وہ جس بیکار نوجوان کو جینے حق نہ دے سکا اس سے مرنے کا حق بھی چھین لے۔ آپ کیا کہنا چاہتے ہیں؟

مولانا :کچھ نہیں!

گردھاری :کچھ بھی تو نہیں!

نرمل :آپ یہ چاہتے ہیں کہ میں اپنا دل چیر کر اپنے زخم آپ کو گنواؤں۔ آپ کو دلیل اور ثبوت سے سمجھاؤں کہ میرے لئے موت کیوں ضروری ہے۔ میں کوئی دلیل نہیں دوں گا۔ میرے دل کے ناسور، میرے ساتھ چتا میں جل جائیں گے آپ ان کو نہ دیکھ

سکیں گے۔ آپ مجھ سے دلیل مانگتے ہیں میں آپ سے اس سوال کا جواب چاہتا ہوں "آپ کیوں زندہ ہیں ؟"، "آپ کو اس طرح زندہ رہنے کا کیا حق ہے ؟" بولئے جواب دیجئے۔

مولانا :ہم مر نہیں سکتے۔

گردھاری :موت بھیانک ہے۔

نرمل :زندگی اس سے کہیں زیادہ بھیانک ہے۔

گردھاری: کمبخت یہاں کوئی نلکا بھی نہیں ہے سخت پیاس لگی ہے۔

مولانا :یہیں کہیں ہوا کرتا تھا نل۔ حلق تو میرا بھی خشک ہو رہا ہے۔ چلئے دیکھتے ہیں۔

گردھاری :چلئے۔ مگر چلنے سے پہلے۔

مولانا :(نرمل سے) دیکھو میاں صاحبزادے ہم لوگوں کی موجودگی میں تم نہ مر سکو گے۔ ابھی ہمارے اندر اتنا دم ہے کہ ایک آدمی کو مجبوراً زندہ رکھ سکیں۔

نرمل :بہتر ہو اگر آپ میری فکر چھوڑ دیں۔

مولانا :نہیں چھوڑیں گے۔

ایک آواز :(دور سے) مولانا۔ مولانا۔

مولانا :افوہ۔ برے پھنسے۔

گردھاری :کیا ہوا۔

مولانا :مالک مکان کا کارندہ۔

منشی :کیا خوب آپ کو ڈھونڈتے ڈھونڈتے آنکھیں پتھرا گئیں۔ آج صبح سے آپ کے گھر پر پہرہ دے رہا ہوں بس جناب ہو چکی یاری۔ سیدھے ہاتھ سے سال بھر کا کرایہ نکالئے۔ ورنہ چل کر مکان خالی کر دیجئے۔

مولانا :بات تو سنئے۔

منشی :میں نہیں سنتا بات وات۔ سال بھر سے آپ ٹالے بالے بتا رہے ہیں۔ بس اب میری رقم ڈھیلی کیجئے۔ مالک مکان نے صاف صاف کہہ دیا کہ یا تو رقم وصول کر کے لاؤ یا سامان مکان سے باہر پھینک دو۔

گردھاری :دیکھئے۔

منشی :آپ خواہ مخواہ بولنے کی کوشش کر رہے ہیں۔ آپ سے کیا مطلب ہے۔

گردھاری :اب اس وقت بس اسٹاپ پر جیب میں کوئی کرایہ لئے پھر رہے ہیں۔

منشی :میں کچھ نہیں جانتا۔ مجھے جواب چاہئے۔

مولانا :پھر وہی مرغے کی ایک ٹانگ۔

منشی :مرغے ہو گے تم۔ میں کہوں ہونے لگا مرغا۔ میاں سیدھے سادے کرایہ ادا کر دو۔

مولانا :مجھ سے ہتھیلی پر سرسوں نہیں جمائی جائے گی۔ آپ کر لیجئے جو ہو سکے۔

منشی :اچھا تو آج ہی لو۔ ابھی لو۔ سامان گھر کے باہر پھنکوائے دیتا ہوں۔ تم جیسے کرایہ داروں سے بھگتنا میں خوب جانتا ہوں۔

نرمل :ادھر بات سنو منشی۔

منشی :ہم پہ نیلی پیلی آنکھیں نکالنے والا کون ہوتا ہے تو۔

نرمل :مولانا جایئے آپ پانی پی آیئے (کارندے سے) سنئے منشی جی۔ مجھے سمجھایئے معاملہ۔

منشی :اجی معاملہ کیا ہے۔ سال بھر کا کرایہ ان کے ذمہ نکلتا ہے۔ کرایہ دلوا دیجئے۔

نرمل :اچھا رسید بک نکالئے۔ میں دیتا ہوں ان کی طرف سے پورا کرایہ۔

منشی : آپ۔ آپ کون صاحب ہیں۔ خیر کوئی ہوں۔ مجھے کرایہ چاہئے۔

نرمل : رسید نکالئے اور سنئے آپ ریس کھیلنے کب سے نہیں گئے۔

منشی : آپ نے کیسے جانا کہ میں ریس کھیلتا ہوں۔

نرمل : مجھے آپ کے ماتھے پر سب کچھ پڑھنا آتا ہے۔

منشی : سچ۔ تو آپ بتا سکتے ہیں۔

نرمل : سب کچھ بتا سکتا ہوں۔

منشی : کیا جیتنے والے گھوڑے کے نمبر بھی۔

نرمل : ہاں۔ مگر اسے ہر ایک کو نہیں بتایا جاتا۔

منشی : بڑی مہربانی ہو گی آپ کی۔ مجھے بتا دیجئے۔ میری بگڑی بن جائے گی۔ میں آپ کا زندگی بھر احسان مند رہوں گا۔ تا عمر آپ کو یاد کروں گا۔

(سپیرے کے بین کی آواز)

نرمل : سپیرے، سپیرے۔

سپیرا : جی حضور۔ ہم کا بلاوا کا؟

نرمل : دیکھو سپیرے۔ ہمارا کوٹ پہن لو۔

سپیرا : ہم سے کا مسخری کرت ہو صاحب۔ ہم دو کوڑی کے منئی کیا صاحب لوگ کا کوٹ پہن سکت ہیں۔

نرمل : لے جاؤ۔ خوشی سے لے جاؤ۔ پہن لو۔ میرے لئے بیکار ہے۔

سپیرا : (ہنستا ہے) اچھا تو پہن دیکھت ہیں۔

نرمل : (ہنس کر) تم تو سچ مچ جنٹلمین لگ رہے ہو۔ اچھا اسی بات پر ذرا سانپ کا تماشا بھی دکھا دو۔

سپیرا :ارے ہم کا حضور اس دفعہ کا سانپ ذرا بکٹ رہے۔

نرمل :ہمیں اب کسی بکٹ وکٹ سے ڈر نہیں لگتا۔ کھولو۔ پٹاری کھولو۔ تنک دم لو۔

(بین کا نغمہ)

سپیرا :اے کا کرت ہو صاحب۔ اے کا کرت ہو۔ سانپ کو نہ پکڑو کاٹ لئے ٹھور مر جات۔

نرمل :(قہقہہ لگاتا ہے) ہمیں موت سے ڈر نہیں لگتا۔

سپیرا :رکھ دو صاحب۔ سانپ کو نیچے رکھ دو صاحب۔

نرمل :نہیں میں اسے منشی جی کے گلے میں ڈالنا چاہتا ہوں۔

منشی :ارے۔ یہ کیا آپ غضب کر رہے ہیں۔ اسے پیچھے ہٹائیے (چیخ کر) پیچھے ہٹائیے۔

نرمل :میں اسے آپ کی گردن میں ڈالے بغیر نہ چھوڑوں گا۔ (قہقہہ لگا کر) آپ بھی کسی سانپ سے کم نہیں ہیں۔ میں دیکھنا چاہتا ہوں کہ دو زہریلے سانپ جب ایک دوسرے کو ڈستے ہیں تو کیا ہوتا ہے۔

منشی :رحم کیجئے میں مر جاؤں گا۔

نرمل :رحم آپ کو کرنا ہے منشی جی۔ میری طرف دیکھئے مجھے موت سے ڈر نہیں لگتا۔ مجھے اپنی زندگی پیاری نہیں ہے۔ ایسا آدمی سب سے زیادہ خطرناک ہوتا ہے۔ مجھے رسید چاہئے۔ آپ سمجھ گئے۔

منشی :جی سمجھ گیا۔ رسید دینے کو میں منع تھوڑے ہی کرتا ہوں۔ لیکن رقم۔

نرمل :مجھے آپ کی دستخطی سال بھر کے کرایہ کی رشید درکار ہے۔

منشی :اور اگر میں نہ دوں تو۔

نرمل :میں ڈال دوں گا۔ پھر یہ کبھی نہ اترے گا۔

(منشی چیختا ہے۔)

نرمل   : رسید۔

منشی   : نہیں۔

(چیختا ہے۔)

نرمل   : رسید۔

منشی   : اچھا بابا۔ ذرا دم لیجئے میں رسید بھی دیئے دیتا ہوں۔ آپ تو واقعی بڑے خطرناک ہیں۔ آپ تو آدمی کی جان بھی لے سکتے ہیں۔

نرمل   : میں تمہیں راز کی بات بتاتا ہوں۔ اب سے کچھ دیر بعد ایک آدمی کی جان لینی ہے اور اس آدمی کا نام ہے نرمل کمار۔

منشی   : یہ لیجئے رسید۔

نرمل   : ٹکٹ، دستخط۔

منشی   : سب موجود ہے جناب۔ اچھا اب مجھے اجازت ہے۔ اب میں چلوں۔

نرمل   : ہر طرف خاموشی۔ زندگی تیرا بندھن کتنا کمزور اور کیسا مضبوط ہے۔

ولی چند   : رام رام۔ یاں کوئی گردھاری لال تو نہ آیو؟

نرمل   : گردھاری لال۔

ولی چند   : ہاں جی۔ ٹھگنا سا ہے۔ یہی ہو گا ۵۰۔۴۵ ورش کا۔ بڑے دفتر میں کلرک لگا ہوا ہے۔ ابھی گھر سے پتہ لگا سی کہ بس اسٹاپ پر گیا ہوا سی۔

نرمل   : میرا نام تو گردھاری لال نہیں ہے۔

ولی چند   : بس سے چلا گیا معلوم پڑے ہے آگے کو۔

نرمل   : کام کیا ہے آپ کو۔

ولی چند :کام۔ اجی کام ہی کیا ہے دہی اپنا دھندا ہے اپنی بہن کے بیاہ میں کچھ روپیہ سود پر لیا سی اس نے۔ اب تک اس کا بھگتان نہیں کیا سی۔ اب بولو بھلا کوئی کب تک انتظار کر سکے سی۔ روپیہ والا تو سر پر ڈنڈا مار وصول کرے گا وہی سی۔

نرمل :ٹھیک ہے۔

ولی چند :اور میری سنو تو بیاج کے روپے سے جو بیاہ کرو وہ کبھی پروان نہ چڑھے سی۔ گر دھاری لال کا اس بیاہ میں بھٹا بیٹھ گیا سی۔ پرنتو اس کی بہن کی اپنے پتی سے بن کے ہی نادی۔

نرمل :اور آپ کا بیاج پھر بھی گر دھاری لال کو دینا ہے۔

ولی چند :برو بر۔ جو روپیہ دیتا ہے میں نے کہا نا سی وہ تو مار ڈنڈا سر توڑ وصول کر لے گا ہی سی۔

نرمل :آپ مت کیجئے۔ گر دھاری لال غریب کلرک ہے۔

ولی چند :اجی ہمیں سنت سادھوؤں کی باتیں مت سمجھاؤ سی۔ اچھا تو ہم اب چلے۔

نرمل :جانے کا آپ کو اختیار ہے۔ مگر گر دھاری لال یہاں موجود ہیں ذرا پانی پینے چلے گئے ہیں۔

ولی چند :تو پھر ایسا بولو سی۔

نرمل :میں چاہتا ہوں کہ اس کا سارا قرضہ ادا ہو جائے۔

ولی چند :ہم بھی یہی چاہتے ہیں جی۔ اصل تو سارا ادا کر دیا سی پرنتو بیاج بھی تو کوئی بھرے گا جی۔

نرمل :تو بیاج آپ معاف کر دیجئے نا۔ آپ لکھ پتی آدمی ہیں۔ آپ کے لئے کیا فرق پڑتا ہے۔

ولی چند : یہ کیسی بات کرتے ہو۔ ہم بیاج معاف کرنے لگیں تو پھر کھائیں گے کیا جی۔

نرمل : میں اس کا بھی انتظام کر دوں گا۔ آپ کچھ نہیں جانتے۔ میں نے اس دنیا کو دیکھا اور برتا ہے۔ مجھے اب سے آدھ گھنٹہ کے اندر اندر مر جانا ہے اور آپ نے سنا ہو گا کہ مرنے سے پہلے آدمی کی آنکھ دنیا کے آنے والے واقعات پڑھ سکتی ہے۔ میں بھی اس وقت آپ کی قسمت کا لکھا آئینہ کی طرح دیکھ سکتا ہوں۔

ولی چند : سچ۔

نرمل : ہاں اس لئے کہ میں اپنی موت کے لئے تیار ہوں۔ میں اس سے آنکھیں چار کر سکتا ہوں۔

ولی چند : تو پھر مجھے کچھ بتایئے مہاراج۔

نرمل : جو بتاتا ہے وہ کچھ نہیں جانتا۔ جو جانتا ہے وہ کچھ نہیں بتاتا۔

ولی چند : تو پھر، ہمیں کی فائدہ سی۔

نرمل : میں آپ کی قسمت میں روپیہ ہی روپیہ دیکھ رہا ہوں۔ مگر اس کے لئے راستہ کٹھن ہے۔

ولی چند : کٹھن ہے۔

نرمل : ہاں! مایا آپ کی تلاش میں ہے۔ ساکشات لکشمی آپ کے گھر کا راستہ ڈھونڈ رہی ہے مگر آپ کی لالسا نے اس کا راستہ روک لیا ہے۔

ولی چند : تو پھر۔

نرمل : مشکل کام ہے مگر میں اس کام کو پورا کر سکتا ہوں۔ آپ کے مکان کے بہت پاس ایک ایسی جگہ ہے جہاں دولت گڑی ہوئی ہے۔ ہر رات کو دو بجے کے قریب اس دولت کے اوپر بیٹھا ہوا سانپ دولت پانے والے کو آواز دیتا ہے اور ہر رات کو تھک کر واپس

لوٹ جاتا ہے۔

ولی چند :اندازسے بھلا کتنی دولت ہو گی۔

نرمل :لاکھوں میں بلکہ اس سے بھی زیادہ۔

ولی چند :سچی۔

نرمل :مجھے اس جگہ کا پورا پورا پتہ نشان معلوم ہے مگر وہ ایسے سیٹھ کے ہاتھ آسکتی ہے جو دیالو ہو۔

ولی چند :یہ تو بڑی کٹھنائی ہے بھئی۔

نرمل :گردھاری لال کا قرضہ معاف کر دیجئے تو میں آپ کو اس کا پتہ بتاتا ہوں۔

ولی چند :اور یدی وہاں نہ نکلی مایا۔

نرمل :تو میں اس کا ذمہ دار ہوں۔ گردھاری لال کا قرضہ میں دوں گا۔

ولی چند :تو پھر لکھ دو تحریر۔

نرمل :ہاں۔ اس میں مجھے کوئی اعتراض نہیں ہے۔ میں گردھاری لال کا سارا قرضہ اپنے ذمہ لیتا ہوں۔ اب آپ کا ایک پیسہ بھی گردھاری لال کے ذمہ باقی نہیں رہا ٹھیک ہے نا۔

ولی چند :ہاں بالکل ٹھیک ہے اور یدی مایا نہ نکلی تو۔

نرمل :میرا گیان دھیان کبھی غلطی نہیں نکلتا۔ مایا نکلے گی۔ جایئے جا کر اپنے مکان کا سامنے والے میدان کا دکھنی کنارہ کھودیئے۔ جایئے !دیر نہ کیجئے مایا آپ کا انتظار کر رہی ہے۔

ولی چند :اچھا تو میں چلوں تنک، گردھاری لال سے کہہ دیجئے گا کہ مجھ سے مل لیں۔

نرمل :اب ان کے ملنے کی کوئی ضرورت نہیں۔ آپ قرض دار میں ہوں۔ گردھاری

لال نہیں ہے۔ اگر مایا نہ ملے تو میں رقم ادا کروں گا۔ مل جائے تو قرضہ بے باق۔

ولی چند : یہ ٹھیک سی۔

نرمل : اچھا نمسکار۔

ولی چند : نمسکار۔

نرمل : (ہنستا ہے) پاگل کتے ہڈی کے پیچھے بھاگ رہے ہیں اور اسے زندگی سمجھتے ہیں (ہنستا ہے) ہر ایک پرچھائیں کو چھونا چاہتا ہے اور اسے مسرت کہتا ہے۔ انسان تو قدرت کا سب سے بڑا اعجوبہ ہے۔

نرملا : معاف کیجئے گا ۷ انمبر کا بس اسٹاپ یہی ہے۔

نرمل : جی ہاں۔

نرملا : کیا بس بہت دیر میں آتی ہے۔ مجھے بہت جلدی ہے کیا یہاں کوئی اور سواری نہیں مل سکتی۔

نرمل : نہیں۔ اس وقت یہاں اور کوئی سواری نہیں ملے گی آپ اس قدر گھبرائی ہوئی کیوں ہیں۔

نرملا : کچھ نہیں۔ کچھ بھی تو نہیں۔ گرمی بہت زیادہ ہے۔ یہاں ٹیکسی اسٹینڈ بھی نہیں ہے کہیں ؟!

نرمل : نہیں۔ یہاں کے لوگ شارٹ کٹ پر یقین نہیں کرتے۔ یہاں سب کام سیدھے سادے راستوں سے ہوتے ہیں۔ بے ایمانی بھی اور ایمانداری بھی۔

نرملا : آپ شاعر ہیں۔

نرمل : نہیں فقط انسان ہوں اور وہ بھی پتہ نہیں کب تک۔

نرملا : میں پریشانی میں ہوں۔ آپ میری مدد کیجئے۔

نرمل　:کیا پریشانی ہے آپ کو۔ ویسے میں اتنا پریشان رہ چکا ہوں کہ مجھے دوسروں کی پریشانیوں میں مزا آنے لگا ہے۔

نرملا　: بھگوان کے لئے مجھ سے انکار نہ کیجئے۔ اس بچے کو گود میں لے لیجئے۔

نرمل　:جی بچے کو گود میں لے لوں۔

نرملا　:جی ہاں! بچہ کس آرام سے سو رہا ہے۔

نرمل　:لایئے۔ مجھے دے دیجئے۔

نرملا　:وہ میرا پیچھا کر رہے ہیں۔ وہ مجھ سے پوچھتے ہیں اس بچے کا باپ کون ہے۔ انھوں نے میری نیند حرام کر دی ہے۔ میں ہسپتال سے بھاگ آئی ہوں۔

نرمل　:اچھا اوہوہ۔ یہ بات ہے اور تمہارے پتا جی!

نرملا　:پتا جی نے مجھے گھر سے نکال دیا۔ عزیز رشتے دار، سب مجھے کلموہی، کلنکنی کہتے ہیں۔ آپ ہی کہئے سچ مچ میں نے پاپ کیا ہے؟

نرمل　:اس بچے کو دیکھو کیسا پھول ایسا خوب صورت ہے۔ کیا پاپ اتنا سندر ہوتا ہے۔

نرملا　: (روتے ہوئے) میں لٹ گئی، برباد ہو گئی، برباد ہو گئی۔ میں نہیں جانتی کہاں جاؤں۔ بھگوان مجھے موت بھی نہیں دیتا۔ میرا کوئی سہارا نہیں۔

نرمل　:زندگی کے تجربات بڑے ستم ظریف ہیں۔ کسی کو پاگل، کسی کو مسخرا، کسی کو صرف تماشا بنا کر چھوڑ دیتے ہیں۔ ہم میں سے ہر ایک تماشا بھی ہے تماشائی بھی۔

نرملا　:یہ باتیں میری سمجھ میں نہیں آتیں۔ وہ آئیں گے وہ آپ سے پوچھیں گے اس بچے کا باپ کون ہے۔

نرمل　:تو کیا مجھے سچ بولنے کی اجازت ہے۔

نرملا　:سچ میرے بھگوان! کیا آپ مجھے دھوکہ دے کر چلے جائیں گے۔

نرمل :ہاں سچ تو یہی ہے کہ میں اس بچے کا باپ نہیں ہوں بلکہ اس بچے کے باپ کو جانتا بھی نہیں۔ مگر اتنی بات جانتا ہوں کہ تم پاپن نہیں ہو۔ مجھے نہیں معلوم پاپ کیا ہے۔ بدی کسے کہتے ہیں۔ کیا من کی بات ماننا پاپ ہے۔

نرملا :ایشور کرے جلدی سے بس آجائے۔

نرمل :ڈرو مت۔ مجھے ڈرپوک آدمیوں سے نفرت ہے۔

نرملا :مگر بس آ بھی جائے گی تو بے کار ہے۔ میں کہاں جاؤں گی جہاں جاؤں گی وہ مجھے ڈھونڈ نکالیں گے۔

نرمل :ایسی باتیں مت کرو۔

نرملا :میرا کوئی سہارا نہیں ہے۔ کہاں جاؤں گی۔ اس بھری دنیا میں میں اکیلی ہوں۔

نرمل :یہاں سب اکیلے ہیں۔

نرملا :میرا بچہ کس کے سہارے جئے گا۔ اس کا کیا ہو گا؟

نرمل :میں نے کہا نا ایسی باتیں مت کرو۔ کیا تم میرے اندر پھر زندگی کی خواہش کو جگانا چاہتی ہو۔

نرملا :آپ نے مجھ سے کچھ کہا!

نرمل :ہاں تم سے کہا آنسو پونچھ ڈالو۔

نرملا :میرا دل بہت دکھی ہے بابو۔

نرمل :مجھے بابو مت کہو۔ میرا نام نرمل ہے۔

نرملا :میں سچ مچ بہت دکھی ہوں۔ اس پتھروں کے شہر میں کوئی ایک بھی ایسا نہیں جو میری مدد کر سکے۔ سب کی نظریں مجھے اس طرح گھورتے ہیں جیسے مجھے کھالیں گے۔ نگل لیں گے۔ کیا یہاں انسانوں کی کوئی بستی نہیں ہے۔

نرمل : کبھی تھی، مگر اب وہ سب پتھر ہو گئے ہیں۔

نرملا :(سسکنے لگتی ہے۔)

نرمل :روؤ نہیں۔ میں تمہاری مدد کر سکتا تو ضرور کرتا۔ میں تمہارا درد بانٹ لیتا۔ مگر میرے پاس بہت کم وقت ہے۔

نرملا : کسی کے پاس وقت نہیں ہے۔ یہ لو وہ آ گئے۔

نرملا کا باپ :(ہانپتے کانپتے ہوئے) یہ کون ہے؟

نرمل : آپ کس کو ڈھونڈ رہے ہیں۔

نرملا کا باپ :اس بچے کا باپ کون ہے؟ میں اس کا سر توڑ دوں گا۔ جس نے ہمارے خاندان کی عزت پر بٹہ لگا دیا۔ جس نے اس بھولی بھالی لڑکی کو دھوکا دے کر اپنے پاپ کا پھل اس کے سر تھوپ دیا۔ میں اس کا خون پی لوں گا۔

نرملا :پتا جی!

نرمل : کہنے دو انھیں۔ بزرگوں کے کہنے کا برا نہیں مانتے۔ پتا جی۔

نرملا کا باپ :خبر دار جو مجھے پتا جی کہا۔ تجھے شرم نہیں آتی پاپی۔

نرمل :اس بچے کی طرف دیکھئے۔ کیا پاپ اتنا سندر ہو سکتا ہے!

نرملا کا باپ :میں بچے کو نہیں دیکھ سکتا۔ میں صرف تیرے پاپ کو دیکھتا ہوں۔ میں تجھے اس پاپ کا مزا چکھانے آیا ہوں۔

نرمل :یہاں سڑک پر؟!

نرملا کا باپ :تو نے بھی تو ہماری عزت سڑک پر نیلام کی ہے۔ ہم آج تیری آبرو مٹی میں ملا دیں گے۔ پھر کسی کو ایسا پاپ کرنے کی ہمت نہیں ہو گی۔

نرمل :(شانتی سے) ایک بات پہلے سمجھ لیجئے۔ میں اسے اپنی دھرم پتنی بنانے کو تیار

ہوں۔ یہ بچہ میرا بچہ ہے۔ ہمارا ایک چھوٹا سا گھر ہو گا۔ جس کے کچے آنگن میں یہ بچہ پل کر بڑا ہو گا۔ لیکن اگر آپ نے ایک قدم بھی آگے بڑھایا تو سمجھ لیجئے۔ جاپانی کشتی جو جت سو کے پینترے مجھے یاد ہیں کہ آپ ابھی زمین پر الٹے پڑے نظر آئیں گے۔

نرملا کا باپ : دھمکی دیتا ہے۔ بدمعاش کہیں کا۔

نرملا : پتاجی اب جانے دیجئے۔ غصہ تھوک دیجئے۔ یہ اپنی غلطی مان رہے ہیں۔

نرملا کا باپ : تو چپ رہ کلموہی۔ تیری ہی وجہ سے ہمارا منہ پہ کالک پتی۔ تو ہی بڑھ بڑھ کر باتیں بنا رہی ہے۔

نرملا : آپ ان پر ہاتھ اٹھائیں گے۔ یہ پاپی نہیں دھرماتما ہیں۔

نرملا کا باپ : دھرماتما (طنزیہ ہنسی) میں ابھی اس دھرماتما کی مرمت کرتا ہوں۔ دھرماتما دیکھتے کیا ہو پکڑ لو اسے۔

نرملا : میں ہرگز ان ہر پاتھ نہیں اٹھانے دوں گی میں جان دے دوں گی پتاجی آپ کو بچے کا واسطہ۔

(بچہ رونے لگتا ہے۔ ہنگامہ شروع ہو جاتا ہے۔)

نرمل : خبردار جو آپ آگے بڑھے۔ میں آخری بار آپ کو ہوشیار کرتا ہوں۔

نرملا کا باپ : ایسی تیسی تیری ہوشیاری کی۔ تو نے سمجھا کیا ہے؟

نرملا : پتاجی! انھیں چھوڑ دیجئے۔

نرملا کا باپ : (لپٹ جاتا ہے) خون پی کر چھوڑ دوں گا۔ دوسروں کی عزت پہ ہاتھ ڈالتے تجھے غیرت نہیں آئی۔

نرمل : جو جت سو کا ہاتھ سنبھالو۔

نرملا کا باپ : ہائے۔

(گر پڑتا ہے۔)

گردھاری : یار نل کا پانی پی تو لیا پر اچھا نہیں کیا اور بس بھی آ کر نکل گئی ہو گی۔

مولانا : کنوئیں پر جاؤ پانی پیو گے تو یہی انجام ہو گا۔

گردھاری : ابلا ہوا پانی مل جاتا تو اچھا تھا۔

مولانا : اماں لعنت بھیجو اخبار والوں پر یہ بھی کوئی بات ہوئی کہ زندگی ابلا ہوا پانی پیتے پیتے گزر جائے۔

گردھاری : مگر مولانا۔

مولانا : اگر مگر کیا ہوتی ہے۔ خدا کے فضل سے چونچال بلکہ کیا کہتے ہیں ہٹے کٹے رہو گے کیا بیکار کے شک شبہے دل میں لاتے ہو۔ کنوئیں سے نکال کر وہ ڈگ ڈگا کے پانی پیا کہ واللہ مزا آ گیا۔ بڑے زور کی پیاس لگی ہوئی تھی۔

گردھاری : ہم تو صاحب اب کبھی بے ابلا پانی نہ پیں گے یہ بڑا خطرہ مول لینا ہے اور ابلنے میں لگتا ہی کیا ہے۔ دمڑی کی لکڑی ہی کا تو خرچہ ہے۔ کب تک ابلا پانی پینا ہو گا ہے رام۔

مولانا : ماشاءاللہ اب ہم ہندوستانی بھی خاصے لامذہب ہوتے جا رہے ہیں آج پانی ابال کر پینے لگے ہیں۔ کل حکم ہو گا کہ ہوا کو بھی چھان کر استعمال کرو۔ یعنی جو ہمارے پرکھے دندناتے ہوئے زندگی گزار گئے۔ تو صاحب کیا یہ سب ابلا ہوا پانی پیتے تھے کہ سو سو سوا سو برس کی عمریں پائیں اور قوت کا یہ حال کہ زمین پر ٹھوکر ماریں تو خدا کی قسم پانی نکل آئے۔ مجھے اب کوئی بتا دے کہ انھیں کنوئیں کے پانی نے کیا نقصان کیا جو ہمیں کرے گا۔

گردھاری : آپ بے کار کی بات کر رہے ہیں مولانا۔ ہمیں آگاہی دی گئی ہے کہ پانی ابال کر پئیں تو ہماری ذمہ داری ہے۔

مولانا : اجی ہم نہیں جانتے ذمہ داری ومہ داری سب بکواس ہے۔ میاں آگاہی تو ہمیں

یہ بھی دی گئی ہے کہ شیطان ہمارا دشمن ہے، آرزو شیطان کی خالہ ہے۔ مگر سارے پیر پیغمبر، پولیس، فوج، ملا، برہمن، قانون، عدالتیں کوئی بھی آدمی کی آرزو کے چنگل سے بچا پاتا ہے۔ ہمیں بھیا سیدھے سادے جینے میں مزا آتا ہے۔

گردھاری : جلدی قدم بڑھاؤ۔ پتہ نہیں بس آگئی ہے کہ نہیں۔

مولانا : اجی تمہیں بس کی پڑی ہوئی ہے۔ مجھے اس سر پھرے لونڈے کی فکر ہے کہیں سچ مچ وہ قطب مینار سے پھاند نہ پڑا ہو۔

گردھاری : اجی نہیں مولانا۔ جان دینا ایسا کوئی سہل ہے ہاتھ بھر کا کلیجہ چاہئے۔

مولانا : تم نے ناپا ہے اس کا کلیجہ۔ بے ڈھب لونڈا ہے لالہ جی! یہ آج کل کی نسل ہماری تمہاری طرح نہیں ہے۔ ان کی کھوپڑی میں اول تو کچھ بات آتی نہیں ہے اور جو گھس جاوے ہے تو پھر نکلنا مشکل ہی ہے۔

گردھاری : تو چلئے ذرا قدم بڑھاتے ہوئے چلئے۔

(لڑائی کا شور شغب سنائی دیتا ہے۔)

مولانا : ارے غضب یہ کیا قصہ ہے۔ ارے ٹھہرو! روکو ذرا دم لو۔ اس ایک بے گناہ پر کیوں ٹوٹ پڑے ہو۔

گردھاری : کیا قصہ ہے؟

نرملا کا باپ : قصہ کیا ہے میں اس کا آج سارا حساب چکا کر دم لوں گا۔

گردھاری : الگ ہٹ جایئے۔

نرملا کا باپ : نہیں۔ دیکھتا ہوں کون مائی کا لال مجھے الگ ہٹاتا ہے۔

مولانا : گردھاری آؤ ہم دونوں مل کر پکڑ کر انھیں ایک طرف ہٹا دیں۔

گردھاری : خبردار جو ہاتھ اٹھایا ٹھاکر صاحب۔ لو بس اب شانت ہو جایئے۔

مولانا : بتایئے تو قصہ کیا ہے۔ بیٹی تم بھی ایک طرف بیٹھ جاؤ۔ بچہ روتا ہے۔ اسے دودھ

دے دو۔

نرملا :ان کی تو خیر خبر لیجئے۔

مولانا :تم فکر مت کرو۔ ہم سب ٹھیک کر لیں گے۔ معلوم ہوتا ہے ہمارے پیچھے بہت کچھ ہو گزرا۔

گردھاری :بس تو نہیں آئی تھی۔

نرملا :نہیں۔ ابھی بس نہیں آئی۔

مولانا :برخوردار آخر بتاؤ تو سہی قصہ کیا ہے؟

نرمل :کچھ نہیں مولانا ساری ذمہ داری، سارا قصور میرا ہے۔ مجھ سے کسی کو بے آسرا نہیں دیکھا جاتا مولانا۔ ایک بے آسرا عورت نے پھر میرے دل میں جینے کی امنگ پیدا کر دی۔ یہ میری بیوی ہے اور یہ میرا بچہ ہے۔

نرملا کا باپ :جھوٹا ہے یہ۔ اس نے میری بچی کو دھوکہ دیا ہے۔

گردھاری :آپ ٹھہر جایئے۔ جھوٹ سچ کا فیصلہ ہوتا رہے گا۔

نرمل :میرے دل میں پھر امنگ جاگی کہ اس بے آسرا عورت کو پناہ دوں۔ میرا بھی ایک گھر ہو۔ میرا بھی ایک کچا آنگن ہو۔ میری بھی زندگی کا ایک مقصد ہو۔ میرا پھر زندہ رہنے کو جی چاہنے لگا۔ میں زندہ رہوں گا۔

مولانا :تم سچ کہہ رہے ہو نرمل۔

نرمل :ہاں۔ سچ اب ہم کبھی جدا نہ ہوں گے۔

نرملا کا باپ :یہ انیائے رہتی دنیا تک نہیں ہو گا۔ نرملا! ابھی میرے ساتھ جائے گی۔

گردھاری :بس آنے والی ہے مولانا۔ بس آ رہی ہے۔

مولانا :اس دفعہ خالی معلوم ہوتی ہے۔ اس دفعہ یہاں ضرور رکے گی۔

نرملا کا باپ :جائے گی کیسے نہیں۔ تجھے میرے ساتھ جانا ہو گا۔

نرملا :میں کہیں نہیں جاؤں گی۔ مجھے کہیں نہیں جانا۔

نرملا کا باپ :جائے گی کیسے نہیں۔ تجھے میرے ساتھ جانا ہو گا۔

نرملا :مجھے مجبور نہ کرو پتا جی۔ تم مجھے اپنے گھر سے نکال چکے تو پھر میرے راستے میں کیوں آتے ہو۔ میں نرمل کے ساتھ جاؤں گی۔

نرملا کا باپ :خبر دار اس کا نام نہ لینا۔

نرمل :مولانا یہ لو تمہاری رسید۔

مولانا :یہ کیا؟

نرمل :ملک الموت سے رہائی۔ تمہارا مالک مکان سال بھر کے کرائے کی وصولی کی رسید دے گیا ہے۔

مولانا :سچ!

نرمل :اب تم آرام سے معمے کا آخری اشارہ حل کر سکتے ہو۔

مولانا :یہ تو معجزہ کر دکھایا استاد تم نے۔ مان گئے قسم خدا کی۔ حد ہو گئی۔

نرمل :گردھاری، یہ تمہارے قرضے کی بیباقی کی تحریر۔

گردھاری :کیا، وہ کمبخت یہاں بھی آیا تھا۔

نرمل :ہاں، اور اس نے تمہارا سارا قرضہ بیباق کر دیا اب تم دونوں نمبر ۷ ابس میں سوار ہو سکتے ہو۔

(بس آہستہ آہستہ آتی ہے اور تھوڑی دیر کے لئے رک جاتی ہے۔)

نرملا کا باپ :نرملا پاگل ہو گئی ہے۔ اس فریبی کے ساتھ جائے گی؟

نرملا :ہاں میں انھیں کے ساتھ جاؤں گی۔

نرملا کا باپ :ہاں۔ اچھا۔ تو میں بچے کو لئے جاتا ہوں۔

(نرملا اور اس کے باپ میں کشمکش۔ بچے کی رونے کی آواز)

نرملا :ایسا نہ کرو پتا جی! ایسا نہ کرو پتا جی!!

نرملا کا باپ :(بچے کو لے کر) بچہ میں نے لے لیا اب جا تو جہاں تیرا جی چاہے۔

نرملا :(روتے ہوئے) نہیں پتا جی! میں آپ کے ساتھ چلتی ہوں۔ میں چلتی ہوں۔

(بس چلتی ہے۔)

نرمل :نرملا۔ نرملا۔ کنڈ کٹر۔ کنڈ کٹر۔ بس روکو۔ روکو۔

(بس چلتی رہتی ہے۔)

نرملا :نرمل نرمل (خوفزدہ آوازیں) ٹرک، ٹرک، بچو، بچو۔

نرمل :(بھاگتے ہوئے) روکو، روکو۔

(تصادم کی آواز)

(نرملا کی چیخ) بس ایک ساتھ جھٹکے سے رکتی ہے۔

گردھاری :نرمل ٹرک کے نیچے آگیا۔

دوسری آواز :بھیجا پاش پاش ہو گیا۔ او بھگوان دیکھا نہیں جاتا۔

تیسری آواز :زمین خون سے رنگ گئی۔

(نرملا کے رونے کی آواز ابھرتی ہے۔)

مولانا :دیکھتے کیا ہو؟ چہرے پر چادر ڈھک دو! آج ایک بڑا آدمی گیا!! ایک عظیم الشان !!!

***

پڑوسن کا کوٹ

اوپندر ناتھ اشک

مقام :دلی کی ایک "پاش" کالونی میں شری سی بی کے بنگلے کا ڈرائنگ روم۔ جس میں کھانے کی میز کرسیاں، سائڈ بورڈ بھی ہے، ریفریجریٹر بھی رکھا ہے۔ کوچ، سنٹر ٹیبل اور کوچوں کے ساتھ چھوٹی تپائی وغیرہ۔ دو دروازے ہیں۔ ایک بر آمدے میں کھلتا ہے۔ دوسرا کچن میں جاتا ہے۔

وقت :۱۹۷۸ء۔ سردیوں کی ایک شام۔

کردار

نیلما :مرکزی وزارت عوامی فلاح و بہبود کے جوائنٹ سکریٹری شری سی بی کھیڑا کی بیوی۔ عمر ۳۵ سال، نہ زیادہ موٹی نہ پتلی دبلی، درمیانہ قد، گورا رنگ، کٹے ہوئے بال، بتیسی ذرا سی باہر کو نکلی ہوئی۔ مسکراتی ہے تو خوبصورت لگتی ہے۔ غصے میں چہرہ بناتے ہوئے چلاتی ہے تو چہرے پر دانت ہی دانت ابھر آتے ہیں اور اسے خوفناک بنا دیتے ہیں۔

مسز گنجو :عمر ۳۵ سال۔ لیکن ۴۰ کی لگتی ہے۔ تیکھے ناک نقشے والی۔ گوری چٹی، گورے بدن کی کشمیری خاتون۔

مسز حنیف :گنجو کی سہیلی۔ گول مٹول۔ ہلکے سانولے رنگ کی۔

مسز سلوجا :نیلما کی سہیلی۔ اوپر سے اعلیٰ اور جدید طبقے سے متعلق خاتون کا خول

چڑھائے ہوئے، لیکن باطن میں پرانے خیالات کی عورت۔

پاروتی :اسی عمر کی گوری چٹی خادمہ۔

سی۔بی :شری چندر بدن کھیڑا، نیلما کے آئی اے ایس شوہر۔ عمر ۴۵ سال۔ دوست احباب اور بیوی صرف سی بی کہتے ہیں۔ فربہی کی طرف مائل بدن کے دنیادار اور ملنسار آدمی۔ چہرے پر کچھ ایسا جذبہ جو امیر باپ کی بیٹیوں کے زن مرید شوہروں کے چہروں پر آجاتا ہے۔

رام ادھار :چپراسی۔ عمر چالیس سال۔

خانساماں :جیسا کہ سخت گیر مالکن کے خانساماں کو سنجیدہ ہونا چاہئے۔

منظر :(پردہ اٹھتے وقت مسز نیلما کھیڑا جو اپنی سہیلیوں میں نیلو یا نیلی کے نام سے پکاری جاتی ہے، ڈرائنگ روم میں بیٹھی سوئیٹر بن رہی ہے۔ جبھی چپراسی ایک ہاتھ میں ٹفن کیریر اور دوسرے میں اپنے صاحب کا ہینڈ بیگ لئے ہوئے داخل ہوتا ہے۔)

نیلما :سی بی نہیں آئے رام ادھار۔

رام ادھار :آئن ہن میم صاحیب ملار ستو اماں اتر گئن۔

نیلما :راستے میں! کہاں؟

رام ادھار :پی سی صاحب آپن بنگلا کے گیٹ پر کھڑا رہن۔ انہی صاحب کے بلائی لیہن۔ ایہی سے اوہی اتر گئن۔ آؤر ہم کا ڈرائبر کے سنگ پٹھائے دہن۔

نیلما :آنے کے بارے میں۔۔۔

رام ادھار :ہم سے تو کچھو ناہیں کہن میم صاحب!

نیلما :اور میں یہاں چائے کا پانی چڑھائے بیٹھی ہوں۔ (بنا ہوا سوئیٹر کوچ پر

پٹک کر اٹھ کھڑی ہوتی ہے۔) سی بی یہی خامی ہے۔ اتنے بڑے افسر ہیں اور ٹائم سنس ذرا نہیں۔

(بے چینی سے کمرے میں گھومنے لگتی ہے۔ اسی وقت ٹیلی فون کی گھنٹی بجتی ہے۔)

نیلما : دیکھو رام ادھار کون ہے۔

رام ادھار : (ٹیلیفون کا ریسیور اٹھاتے ہوئے) ڈبل سک نین نین نین جی میں رام ادھار بول رہا ہوں۔۔۔ جی ہیں۔۔۔ جی دیتا ہوں۔ (نیلما کی طرف دیکھ کر) صاحیب کے فون ہے میم صاحب۔

(نیلما تنتناتی ہوئی دو ہی قدموں میں بڑھ کر چپراسی سے ریسیور جھٹک لیتی ہے۔ رام ادھار ٹفن اور ہینڈ بیگ کچن اور سٹڈی میں رکھنے کے لئے چلا جاتا ہے۔)

نیلما : (غصے سے) سی بی تم وہیں راستے میں رک گئے اور میں چائے کا پانی چڑھائے تمہاری راہ تک رہی ہوں۔ یہ کیا وتیرہ ہے تمہارا کہ دفتر سے گھر آتے آتے راستے ہی میں دوستوں کے ہاں جا بیٹھے ہو۔ چائے ناشتے کے بعد شام کو غپ نہیں ہو سکتی؟۔۔۔ ہاں ہاں سن رہی ہوں۔۔۔ اچھا۔۔۔ (نرمی سے اکساتے ہوئے) تم تو ذرا دھیرا سے کہنا کہ خود ہی نہیں، بلکہ اپنی پڑوسنوں سے بھی کہہ دیں کہ وہ کلب کے سالانہ چناؤ میں ہمارا ساتھ دیں۔۔۔ ہاں ہاں کیا حرج ہے۔ گرین پارک کی لیڈیز کیوں ممبر نہیں بن سکتیں؟ تم پی سی سے کہنا کہ دھیرا اگر ہماری مدد کرے گی تو میں اپنی جگہ سکریٹری شپ کے لئے اس کے نام پر زور دوں گی۔ ابار شہلا کا جادو توڑ دینا ہے۔۔۔ ہاں!۔۔۔ تم انھیں سمجھانا کہ شہلا صدر ہے اور نیلما سکریٹری دونوں میں پٹتی نہیں اور کلب کا کام سفر (Suffer) کرتا ہے نیلما صدر ہو جائے اور دھیرا سکریٹری تو کام مزے میں چلے گا۔۔۔

وہ تو ہئی ہے۔ وہ تو ہئی ہے۔ تم ذرا اپنی طرف سے دونوں کو اچھی طرح سے سمجھا دینا۔۔۔ پی سی ان لوگوں کے بھی تو دوست ہیں۔ شہلا کے لئے ان کے دل میں وہ کچھ ذرا نازک سا۔۔۔ (ہنستی ہے)۔۔۔ اسی لئے، سمجھتے ہو نا۔۔۔ ہاں ہاں!۔۔۔ (ذرا ہنس کر) میں نے تمہیں کتنی بار کہا ہے کہ مجھے محترمہ وحترمہ مت کہا کرو۔۔۔ دوستوں میں ایسا دکھاتے ہو کہ جیسے میرے بغیر۔۔۔ کیا گھر جلدی آنے کا ارادہ نہیں ہے جو اتنا مکھن لگا رہے ہو۔۔۔ ہاں ہاں چائے تو تم وہیں پیو گے۔۔۔ میں جانتی تھی۔۔۔ مسز گنجو اور بیگم حنیف کا انتظار کر رہی تھی۔۔۔ نہیں۔۔۔ اب اکیلے ہی پی لوں گی!

(چپراسی ٹفن کیریر اور ہینڈ بیگ رکھ آتا ہے اور چپ چاپ دروازے کی طرف جانے لگتا ہے کہ فون پر بات کرتے کرتے نیلما ٹوکتی ہے۔۔۔)

نیلما : ٹھہرو! تم سے ذرا بات کرنی ہے۔ (فون میں) نہیں۔۔۔ نہیں۔۔۔ تم سے نہیں کہا سی بی میں چپراسی سے کہہ رہی تھی۔۔۔ اچھا تو اب تم وہیں نہ بیٹھ رہنا۔۔۔ بات کر کے جلدی آنا۔ ذرا پاراشرز کے ہاں ہو آئیں گے۔۔۔ ہاں کیا حرج ہے۔۔۔ موہن بھائی کو میری یاد دلانا اور ساتھ لانا۔ (فون رکھ دیتی ہے۔۔۔ رام ادھار سے) خانساماں سے کہو۔ صاحب نہیں آئیں گے۔ چھوٹی کیتلی میں دو پیالی چائے میرے لئے بنا لائے!

(چپراسی چلا جاتا ہے۔ نیلما ریفریجریٹر سے ایک سیب نکالتی ہے اور سائڈ بورڈ سے پلیٹ لے کر اس پر رکھ دیتی ہے۔ سائڈ بورڈ کے خانے سے بسکٹوں کا ڈبہ نکال کر اس میں سے کچھ بسکٹ دوسری پلیٹ میں رکھتی ہے اور دونوں پلیٹیں کھانے کی میز پر سجاتی ہے۔ پھر ایک کرسی پر بیٹھ جاتی ہے۔

اسی وقت آگے آگے رام ادھار اور پیچھے پیچھے خانساماں چائے کی ٹرے لے آتا ہے۔ خالی ٹرے میز پر رکھتا ہے۔ چپراسی ادب سے ایک طرف کھڑا ہو جاتا ہے۔ خانساماں

ایک پیالی میں چائے انڈیلتا ہے۔)

نیلما : (غصے بھرے لہجے میں) یہ شکر دانی پوری کی پوری بھر لائے ہو۔ تم سے کہا نہیں رام ادھار نے کہ صرف میں چائے پیوں گی۔

خانساماں : وہ جی۔۔۔جی وہ صاحب آنے والے تھے۔

نیلما : ہاں صاب آنے والے تھے، لیکن جب نہیں آئے اور صرف مجھے ہی چائے پینا تھی تو شکر واپس نہیں رکھی جا سکتی۔ ہزار بار تم سے کہا ہے کہ جتنے چمچے درکار ہوں، اتنے ہی گن کر شکر دانی میں ڈالا کرو۔ خانساماں کے ہاتھوں کی چابکدستی اڑانے میں ہی نہیں، بچانے میں بھی ہوتی ہے۔

(چائے کی پیالی اپنے سامنے کرتی ہے۔ خانساماں واپس کچن کی طرف چلا جاتا ہے۔ نیلما پلیٹ سے ایک بسکٹ اٹھا کر کترتی ہے اور چائے کی چسکی لیتی ہے۔ پھر چپراسی کی طرف مڑتی ہے۔)

نیلما : تم نے پاروتی سے باتیں کیں رام ادھار؟

رام ادھار : کرے رہن میم صاحب!

نیلما : تو؟

رام ادھار : او بات ای ہے میم صاحیب کہ سیلا میم صاحیب او کے چھوڑے کا تیار ناہیں ہیں۔

نیلما : (قہر و غضب سے) چھوڑنے کو تیار نہیں۔ کیا شہلا نے خرید لیا ہے اسے۔ جب وہ کام کرنا نہیں چاہے گی تو وہ اسے کیسے زبردستی رکھ لے گی۔

رام ادھار : بات ای ہے میم صاحیب کہ پاربتی کے اوہاں نوکری کرت بہت دن ہوئے گئن۔ ٹکو بابا او سے بہت ملے ہن۔ اوہو کے من ماں ممتا ہے۔ آپ جیسے سمجھائے

رہن وئیسے ہم پاربتی کے سیلا میم صاحیب سے بات کرئے بدلے کہے رہے۔

نیلما :(بے خبری سے) پھر؟

رام ادھار :اواو کے پندرہ روپیہ کی ترکی دے دہن۔

نیلما :(قدرے جھٹکا لگتا ہے) ایک ساتھ۔

رام ادھار :جی میم صاحیب!

نیلما :لیکن پاروتی نے مجھے کیوں نہ بتایا۔ میں دھیرا سے کہہ کر دو روپے زیادہ ہی دلا دیتی۔

رام ادھار :جی میم صاحیب! اودھیر میم صاحیب کے ایہاں ناہیں چاہئے چاہت۔

نیلما :کیوں؟

رام ادھار :پتہ نہیں اوسے کے کہہ دہس کہ دھیرا میم صاحیب بہت کھٹ کھٹ کرت ہیں۔

نیلما :(چمک کر) آیا نے کہا ہو گا۔ وہ آیا ایک ہی بد ذات ہے۔ اسی کی جگہ تو وہ پاروتی کو رکھنا چاہتی ہیں۔

رام ادھار :بات ای ہے میم صاحیب، پاربتی عورت جات ہے، اوکرے من ماں بھئے بیٹھ گا ہے۔ سیلا میم صاحیب آپ کے سامنے تو رہت ہن۔ روج آپ سے ملت ہن۔ آپ ہی کا ہے ناہیں کہہ دیتن کہ او کے چھوڑے دیں۔

نیلما :تم تو احمق ہو۔ میں شہلا سے کیسے کہہ سکتی ہوں۔

(چائے کی پیالی وہیں چھوڑ کر کمرے میں چکر لگاتی ہے۔ پھر چپراسی کے سامنے آکر کھڑی ہو جاتی ہے۔)

نیلما :دیکھو رام ادھار۔۔۔ ایک بات سمجھ لو۔۔۔ اگر تمہاری بیوی شہلا کے

گھر کام کرنا نہیں چھوڑتی تو تم نہ صاحب کے دفتر میں کام کرسکتے ہو نہ ہمارے بنگلے میں رہ سکتے ہو۔

(رام ادھار چپ رہتا ہے۔)

نیلما : تم فاقے کرتے تھے، جب میں نے تمہیں اپنے کالج میں چپراسی رکھوا دیا۔ یاد ہے؟

(رام ادھار کوئی جواب نہیں دیتا۔)

نیلما : جب تین سال بعد صاحب سے میری شادی ہو گئی اور ہم دلی سے جانے لگے تو میں نے تمہیں ساتھ چلنے کے لئے کہا تھا یاد ہے؟

(رام ادھار صرف خاموش رہتا ہے۔)

نیلما : لیکن تم پاربتی کے چکر میں پڑے تھے، نہیں گئے اور نہ ڈپٹی کلکٹروں اور کلکٹروں کے چپراسی مالکوں سے زیادہ مزے کرتے ہیں۔ لیکن میری بات تمہاری سمجھ میں نہیں آئی۔ تم یہاں رہ گئے، بیمار پڑ گئے۔ گاؤں چلے گئے۔ چھ مہینے وہاں پڑے رہے۔ پیچھے تمہاری نوکری چھوٹ گئی۔ واپس دلی آئے۔ پھر تمہاری کوئی پکی نوکری نہیں لگی۔ جب تین سال پہلے صاحب جوائنٹ سکریٹری ہو کر یہاں آئے اور تم ایک دن اچانک کناٹ پیلیس میں سامنے پڑ گئے تو میں تمہیں پہچان تک نہ سکی۔ اتنی بری حالت تھی تمہاری۔ تمہیں نے پہچانا یاد ہے؟۔۔۔ ارے بولتا کیوں نہیں۔

(رام ادھار بدستور خاموش رہتا ہے۔)

نیلما : لگتا تھا جیسے ہفتوں سے تمہارے منھ میں دانا نہیں گیا۔ میں نے صاحب سے کہہ کر تمہیں ان کے دفتر چپراسی بھرتی کرا دیا۔ کوئی پوسٹ نہیں تھی۔ پھر بھی عارضی طور پر تم چپراسی بنے چلے آرہے ہو۔ وہاں نہال چند کے کتنی گندی غلیظ

اندھیری اور رسیلی کوٹھری میں تم لوگ رہتے تھے۔ وہاں سے لاکر تمہیں بنگلے میں جگہ دی۔

رام ادھار : (عاجزی آمیز سختی سے) سبتے یاد ہے میم صاحب۔ ہموٗ آپ کے سیوا ماں کوتوں کسر ناہیں اٹھاوت رہے۔ تنکھا دپتر سے پائت ہے، لیکن سبیرے چارے بجے سے دس بجے راتے تک آپے کا ڈیوٹی وئیت ہے۔ پاربتی سیلا میم صاحب کے ایہاں پورے مہینہ کی تنکھا پاوت ہے۔ تبھوٗ جب آپ کا کام پڑت ہے، دوڑی آوت ہے۔

نیلما : وہ سب ٹھیک ہے، لیکن میں کب سے کہہ رہی ہوں کہ پاروتی کو کسی اور جگہ نوکری کرنے کے لئے کہو۔ دھیرا کے یہاں نہ سہی، دوسرے دس گھروں میں اسے اتنے پر، بلکہ اس سے بھی کچھ زیادہ پر۔۔۔

رام ادھار : (پینترا بدل کر) ہم تو مناوت رہت ہیں میم صاحب کہ بھگوان آپے کا گودی بھرے اور پاربتی آپ کے بچوا کے کھلاوے۔ آپ دس دیئیں یا کچھو نہ دیتیں۔

نیلما : تم باتیں بہت کرنا سیکھ گئے ہو رام ادھار۔ دیکھو اگر پاروتی سامنے کے گھر میں کام چھوڑ دے گی، تو جیسے بھی ہو گا میں تمہاری نوکری پکی کرا دوں گی۔ نہیں چھوڑے گی تو تم لوگ مجھے جانتے ہو۔۔۔ (باہر کال بل بجتی ہے) دیکھو کون ہے؟ بنا مجھ سے پوچھے مت بول دینا کہ۔۔۔ (آکر پھر ڈرائنگ ٹیبل پر بیٹھ جاتی ہے۔۔۔ زور سے آواز دیتی ہے۔) خانساماں!

خانساماں : (کچن سے) جی میم صاب!

نیلما : یہ پیالی ٹھنڈی ہو گئی۔ ایک پیالی اور بناؤ۔

(پیالی کی چائے واش بیسن میں گراتا ہے۔ تھوڑا سا چائے کا پانی ڈال کر کر پیالی گرم کرتا ہے، پھر تازہ چائے ڈالتا ہے۔ رام ادھار باہر کے دروازے سے داخل ہوتا ہے۔

)

رام ادھار : میم صاحب! گنجو میم صاحب اور بیگم حنیف ہئین۔

نیلما : انھیں ادھر بھیج دو اور تم جاؤ اور پاروتی کو سمجھاؤ۔ (خانساماں سے) چائے کا پانی اور چڑھا دینا۔

(خانساماں چلا جاتا ہے۔ نیلما جلدی جلدی ہاتھ کا بسکٹ ایک ساتھ کھا کر چائے پیتی ہے۔ رام ادھار کے پیچھے پیچھے مسز گنجو اور مسز حنیف آتی ہیں۔)

نیلما : یہ ساڑھے پانچ بجے شام آئی ہو۔ پورا آدھا گھنٹہ انتظار کر کے اکیلی چائے پینے لگی تھی۔ (رام ادھار کو واپس جاتے دیکھ کر) رام ادھار میری بات یاد رکھنا۔ (مہمانوں سے) آؤ۔ آؤ۔ ادھر ہی آ جاؤ (پلیٹ آگے کر کے) لو، اتنے میں ایک ایک بسکٹ لو۔

(اٹھ کر ریفریجریٹر سے دو سیب اور نکال کر، ایک پلیٹ میں کچھ دال موٹھ دوسری میں نمک پارے اور تیسری میں ریفریجریٹر سے رس گلے نکال کر پلیٹیں اپنی سہیلیوں کے آگے رکھتی ہے۔)

مسز گنجو : ہم تو عین وقت پر پہنچ جاتے کہ تم سے وعدہ کیا تھا، لیکن سوچا راستے میں ذرا پاراشرز کے یہاں ہوتے چلیں۔

نیلما : میں خود سوچ رہی تھی کہ سی بی آ جائیں تو میں بھی مسز پاراشر کے یہاں ہو آؤں (سرگوشی میں) کچھ اندازہ کیا، ہوا کا رخ کدھر ہے؟

مسز گنجو : ہم تو دو تین دن سے گھوم رہے ہیں۔ جو سب کا حال ہے وہی مسز پاراشر کا ہے۔

نیلما : کیا مطلب؟

مسز گنجو :مطلب یہی کہ کچھ پتہ نہیں چلتا۔ کہتی سب یہی ہیں کہ آپ جو کہیں گی، ویسے ہی کریں گی، لیکن کسی کی بات چیت اور اشارے کنائے سے ان کے من کا اندازہ نہیں ہوتا۔ چناؤ کے سلسلے میں لوگ بہت چالاک ہو گئے ہیں۔

مسز حنیف :کسی نے جواب میں بھی خیال نہیں کیا تھا کہ ۷۷ میں اندرا ہار جائیں گی اور اس بری طرح ہار جائیں گی۔ رشیدہ کانگریس میں ہے۔ ان دنوں کنویسنگ کرتی تھی۔ اسی سے معلوم ہوا کہ کنویسر جب پہنچتے تو تو لوگ دانت نکال کر سر ہلا دیتے کہ جیسا آپ کہتی ہیں ویسا ہی ہو گا۔ کہ ہم بھی یہی سوچتے ہیں۔ نتیجہ کیا نکلا، یکدم نیچے کا اوپر ہو گیا۔

مسز گنجو :اب بھئی بات یہ ہے کہ وہ لوگ بھی چپ نہیں بیٹھے ہیں۔ سنہا اور شیلا۔

نیلما :شہلا کہو شہلا۔ سنہا کو یہی نام پسند ہے اور تو اور اب شیلا بھی اپنے آپ کو شہلا کہنے لگی ہے۔

مسز حنیف :شہلا یا شیلا؟ لکھتی تو وہ ایس۔ ایچ۔ ای۔ آئی۔ ایل۔ اے ہے۔

نیلما :کوئی شہلا کہتا ہے، کوئی شیلا، کوئی شیلا مگر ہمارے پڑوسی کی بیوی تو اسے ہمیشہ سیلا کہتی ہے۔

(تینوں تکلف سے تھوڑا ہنستی ہیں۔)

مسز گنجو :میں تو اسے شیلا ہی پکارتی ہوں اور میرے سامنے تو اس نے کبھی یوں بننے کی کوشش نہیں کی۔ بہر حال میں کہہ یہ رہی تھی کہ وہ دونوں پھر کی طرح گھوم رہے ہیں۔

مسز حنیف :اب میاں بیوی کے پاس اپنی اپنی کار ہے تو۔۔۔ ہماری طرح تو نہیں کہ میاں دفتر سے آئیں تو کار میں جانا نصیب ہو۔

مسز گنجو	: سنہا صاحب کی اتنی بڑی فرم ہے۔ چار ہزار ان کی تنخواہ مکان اور کار اور دو نوکر کمپنی کی طرف سے۔ پھر واہی تباہی منافع۔ شیلا کا دل بھی دریا ہے۔ اتنے تحفے تحائف بانٹتی رہتی ہے کہ پچھلے دس برس سے کلب کی ممبر بنی چلی آ رہی ہے۔

نیلما	: (مسکراتے ہوئے۔ ذرا طنز سے) اپنا روپیہ کون اڑاتا ہے۔ ہزاروں روپیہ چندے میں اکٹھا ہوتا ہے۔ ہزاروں کی سرکار سے مدد ملتی ہے۔ سماج سیوا بھی ہو جاتی ہے اور بزنس بھی بڑھتا ہے۔ ایسے ہی تو پھر کی کی طرح ان کی کاریں نہیں گھوم رہی ہیں۔

مسز حنیف	: (سرگوشی سے) آپ تو مسز کھیڑ اسال بھر سے کلب کی سکریٹری ہیں۔ دیکھا کچھ ادھر ادھر کرتے شہلا کو؟

نیلما	: (ہاتھ چمکا کر) میرے رہتے کچھ ایسا ویسا ہو سکتا ہے کیا؟ اسی لئے تو میں شہلا کو ایک آنکھ نہیں بھاتی (جھلا کر اٹھتی ہے) اس خانساماں کمبخت کو کیا ہو گیا ہے۔ ابھی تک چائے نہیں لایا۔

مسز گنجو	: ارے نیلو! تم بیکار تکلف کرتی ہو۔ چائے تو ہم پاراشرز کے۔۔۔

نیلما	: چائے پر جب میں نے بلایا تھا تو وہاں کیسے پی آئیں۔ رکو میں منٹ بھر میں آئی۔

(خانساماں! خانساماں! پکارتی ہوئی کچن کی طرف نکل جاتی ہے۔)

مسز گنجو	: (آنکھوں کی بھویں اوپر اٹھا کر، دھیرے سے) مسز پاراشر کیا کہتی تھیں۔۔۔

مسز حنیف	: یہی کہ کب کا روپیہ خرد برد کرنا چاہتی ہے۔ شہلا نے ساتھ نہیں دیا تو اس کے پیچھے پڑ گئی ہاتھ دھو کر۔ اب اس کا مالک اتنا کماتا ہے۔ بڑے باپ کی بیٹی ہے، اسے

کیا ضرورت ہے کلب کا روپیہ ہڑپنے کی۔

مسز گنجو :(سرگوشی سے) دیکھو بانو! تم اپنی طرف سے کچھ نہ کہنا۔ بس ےے کے ووٹروں کی طرح سر ہلا دینا۔ (ہنستی ہے) میں تو اس کے ساتھ پڑھتی تھی۔ یہ سخت کینہ پرور عورت ہے۔ کھیڑا یوں بھی خاصے بدنام آدمی ہیں۔ دلی آنے سے پہلے جہاں تھے وہاں ان پر رشوت کے بڑے الزامات تھے۔ انکوائری تک بیٹھ گئی تھی۔ سرکار نے بال اور پر نوچ کر سنٹر میں بٹھا دیا۔

مسز حنیف :ہاں بھائی اپنی عزت اپنے ہاتھ! بغیر کچھ کئے ہاتھ چلتے یں۔ کرنے پر تو۔۔۔

مسز گنجو :ارے ہم کچھ کیوں کریں گے۔ باڑھ کے دکھیاروں کے لئے دن رات ایک کر کے روپیہ اکٹھا کیا ہے۔ ہمارے لئے تو کانی کوڑی بھی حرام ہے۔

(آگے آگے نیلما پیچھے پیچھے چائے کی ٹرے لئے خانساماں داخل ہوتا ہے۔ نیلما پیالوں میں چائے ڈالتی ہے۔)

نیلما :چینی گنجو؟

مسز گنجو :میرے پیالے میں چینی نہیں۔

نیلما :سیکرین کی گولی ڈال دوں۔ کھیڑا صاحب کے بلڈ میں ڈاکٹر نے کچھ شک ظاہر کیا تھا سو۔۔۔

مسز گنجو :نہیں نہیں، اس کا ذائقہ مجھے اچھا نہیں لگتا۔ اب تو بغیر چینی کے پینے کی عادت ہو گئی ہے۔

نیلما :اور آپ بانو؟

مسز حنیف :بس ڈیڑھ چمچ۔

نیلما :تم تو گنجو میٹھا لو گی نہیں۔ یہ نمک پارے اور دال موٹھ لو(دونوں پلیٹ مسز گنجو کے آگے کرتی ہے)تمہارے لئے میں بانو سیب چھیلتی ہوں۔ اتنے میں تم بسکٹ یا رس گلے لو۔

مسز گنجو :ارے تم فکر نہ کرو۔ ہم لے لیں گے۔

(فون کی گھنٹی بجتی ہے۔)

نیلما :(زور سے چلا کر)خانساماں ذرا فون دیکھو۔

(خانساماں بھاگا بھاگا آتا ہے اور فون اٹھاتا ہے۔)

خانساماں :ہیلو!جی کھیڑ اصاحب کے بنگلے سے بول رہے ہیں۔۔۔ نہیں صاحب گھر پر نہیں ہیں۔۔۔ کون صاحب بول رہے ہیں۔۔۔ ذرا رکئے بتاتے ہیں۔(ریسیور پر ہاتھ رکھ کر)میم صاحب کوئی آر بی کھیڑ اہیں۔ آپ کو پوچھ رہے ہیں۔

نیلما :کہو وہ نہیں ہیں۔

خانساماں :میم صاحب یہیں تھیں۔ پڑوس کے بنگلے میں چلی گئی ہیں۔ آپ نمبر دے دیجئے۔

(خانساماں فون رکھ دیتا ہے۔)

نیلما :فون نمبر وہاں پیڈ پر نوٹ کر دو۔

خانساماں :انھوں نے کہا وہ پھر فون کریں گے۔

(واپس چلا جاتا ہے۔)

نیلما :(سیب چھیل کر پلیٹ مسز حنیف کے سامنے رکھتے ہوئے)دیکھو گنجو! تم سے کوئی پردہ نہیں۔ تم میری کلاس فیلو رہی ہو۔ پھر گنجو صاحب اور کھیڑ اصاحب اکٹھے کام کرتے ہیں۔ تم پر میرا حق ہوتا ہے۔

مسز گنجو　: کیوں نہیں۔۔۔ کیوں نہیں۔!

نیلما　: میں یہ جانتی ہوں کہ شہلا سے آپ لوگوں کی اچھی راہ و رسم ہے۔ لیکن میں یہی کہنا چاہتا ہوں کہ میں بھی آپ سے دور نہیں۔ یوں دوستی کی شرط میں یہ مانتی ہوں کہ دوست آپ کے لئے کچھ کرے۔ اتنے برسوں سے شہلا صدر بنی ہوئی چلی آرہی ہے، اس نے تمہیں گنجو ایگزیکٹیو میں تو نہیں لیا۔۔۔

مسز گنجو　: میں نے کبھی چاہا بھی نہیں۔

نیلما　: تمہارے نہ چاہنے سے کیا ہوتا ہے۔ میں صدر ہو جاؤں تو دیکھوں تم کیسے میری ایگزیکٹیو میں نہیں آتیں بلکہ میں تو تمہارا نام سکریٹری کے طور پر پروپوز کرنے کی سوچتی ہوں۔ کیوں گنجو کیا ایسا نہیں ہو سکتا کہ تم صدارت کے لئے میرے نام کی۔۔۔

مسز گنجو　: بھائی دیکھو تم مجھ سے اپنا نام پروپوز وروپوز، مت کراؤ باقی ہم تمہارے ساتھ ہیں۔

نیلما　: آپ بانو! (فون کی گھنٹی بجتی ہے۔ زور سے آواز دیتی ہے) خانساماں!

(خانساماں بھاگا بھاگا آتا ہے۔ فون اٹھاتا ہے۔)

خانساماں　: ہیلو۔۔۔ جی ہاں۔۔۔ میں خانساماں بول رہا ہوں۔۔۔ ابھی دیکھ کر بتاتا ہوں۔ کچھ مہمان آئے ہوئے ہیں۔۔۔ (ریسیور پر ہاتھ رکھ کر) کانتا میم صاب کا فون ہے۔

نیلما　: کہدو میم صاحب ابھی پانچ منٹ میں آپ کو فون کریں گی۔

خانساماں　: میم صاب، ابھی پانچ منٹ میں آپ کو فون کرتی ہیں۔

(خانساماں ریسیور رکھ دیتا ہے۔)

مسز گنجو　: اچھا تو نیلو ہم چلتے ہیں۔

نیلما　　:ارے بیٹھو پانچ منٹ۔ ہاں تو بانو صاحبہ۔۔۔ میں کچھ امید کروں۔

مسز حنیف　:ہم تو خادم ہیں۔

نیلما　　:کلب کی ایگزیکٹیو میں مائنورٹی کمیونٹی کی نمائندگی بہت کم ہے۔ میں صدر بنی تو آپ کو میرے ساتھ ایگزیکٹیو میں کام کرنا ہوگا۔

مسز گنجو　:تم بانو کی طرف سے بے فکر رہو۔ یہ دوستوں کی دوست ہیں۔ (اٹھتی ہے۔ مسز حنیف بھی اٹھتی ہیں) اچھا تو نیلو، اب اجازت دو۔

مسز حنیف　:یہ کوٹ تو آپ نے مسز کھیڑا بہت شاندار بنوایا ہے۔ کیا ولایتی کپڑا ہے؟

نیلما　　:نہیں۔ او سی ایم کا ہے۔ انھوں نے ولایت والوں کی طرز پر لیڈیز کوٹنگ کا یہ ڈیزائن نکالا ہے۔ کھنہ کہتا تھا کہ طرح طرح کی شالیں چل جانے سے کوٹوں کا رواج کم ہو رہا ہے۔ اس لئے انھوں نے ایک ہی تھان منگایا تھا۔ گرمیوں میں پہاڑ پر جاتے ہیں۔ کوٹ کے بغیر کام تھوڑی چلتا ہے۔

مسز حنیف　:(چلتے چلتے) کتنے میں بن گیا ہوگا؟

نیلما　　:یوں تو ڈھائی پونے تین سو میں بن جانا چاہیئے۔ لیکن اس کی لائننگ ذرا قیمتی ہے۔ این ایس احمد آباد کی۔ کھنہ کہتا تھا کہ درزی تو اتنی مہنگی لائننگ لگاتے نہیں اور لائننگ کو خرید کر درزی کو دینے کی زحمت کوئی مول لیتا نہیں۔ سو دو تھان انھوں نے اپنے ہی لئے منگائے تھے۔ میرے زور دینے پر کھنہ نے کوٹ کو لائننگ دے دی۔ پچاس زیادہ لگ گئے۔ (کوٹ کے بٹن کھول کر اندر کی لائننگ دکھاتی ہے۔) دیکھو نا کتنی شاندار ہے، کتنی ملائم اور پھر رنگ اور ڈیزائن کیسا خوبصورت ہے۔

مسز حنیف　:(کوٹ کے کپڑے اور لائننگ پر ہاتھ پھیرتے ہوئے) جی چاہتا ہے

کہ مل جائے تو ایک کوٹ ایسا ہی میں بھی بنوالوں۔ (اٹھتی ہے۔ نیلما بھی اٹھتی ہے) نہیں نہیں اب آپ بیٹھئے۔

نیلما   : ذرا خیال رکھئے گا اور اپنی سہیلیوں سے بھی کہئے گا۔ تم بھی گنجو۔

مسز گنجو : ضرور ضرور! (چلتی ہیں۔ نیلما دروازے تک چھوڑنے جاتی ہے۔ نیلما کو وہیں۔ روک کر) اب تم بیٹھو۔ بائی۔۔۔ بائی۔۔۔

(نیلما ہاتھ اٹھا کر بائی کہتی ہے۔ دونوں سہیلیاں چلی جاتی ہیں۔ نیلما دروازہ بند کر کے پلٹتی ہے۔ فون کی گھنٹی پھر بجتی ہے۔)

خانساماں : (اندر سے آ کر فون اٹھاتا ہے) جی میں خانساماں بول رہا ہوں۔۔۔ جی ذرا رکئے (ریسیور کے آگے ہاتھ رکھ کر) کانتا میم صاحب کا فون ہے۔

نیلما   : بولو، آتی ہیں۔

خانساماں : جی آ رہی ہیں۔

(ریسیور تپائی پر رکھ دیتا ہے۔ کچھ لمحے بعد نیلما ریسیور اٹھاتی ہے۔ خانساماں کچن میں چلا جاتا ہے۔)

نیلما   : میں تمہیں فون کرنے ہی والی تھی کانتا۔۔۔ ارے نہیں سچ! گنجو اور بانو آ گئی تھیں۔۔۔ اب کیا بتا سکتی ہوں۔ انھیں کہہ دیا ہے اور انھوں نے وعدہ بھی کر لیا ہے لیکن میں ان پر بینک نہیں کر سکتی۔ بینک تو میں تم پر، دھیرا پر اور دوسری دوستوں پر کرتی ہوں۔۔۔ ہاں میرے ساتھ پڑھی ہے گنجو۔۔۔ لیکن شہلا سے بھی اس کا بہت میل جول ہے۔ اب بھئی شہلا اتنی پڑھی لکھی نہیں۔۔۔ ہاں۔۔۔ ہاں۔۔۔ بی اے ہے۔ لیکن بی اے تو آج کل چپراسی بھی ہوتے ہیں۔ یہ ڈی فل اور ڈی لٹ قسم کی چیزیں شہلا کے لئے بہت بڑی توپ ہیں۔ یہ اس کے ہاں جاتی ہیں تو ان کی بڑی خاطر تواضع کرتی ہے۔

خود دی عزت اور آبرو کا خیال اور سو فسکیشن تو شہلا میں ہے نہیں۔ ان کے آگے بچھ بچھ جاتی ہے۔ ان کی انا کو بھی تسکین ملتی ہے۔ میرے تو برابر کی ہے گنجو میں تو وہ سب نہیں کر سکتی۔۔۔ ہاں ہاں وہ تو ہے۔۔۔ وہ تو ہے۔۔۔ وہ کہہ تو گئی ہے کہ ہم آپ کے ساتھ ہیں۔۔ ۔ نہیں، پروپوز، وہ نہیں کرے گی۔۔۔ (باہر کے دروازے پر کال بل بجتی ہے) ایک منٹ رکو کانتا باہر کوئی آیا ہے۔ (فون کے آگے ہاتھ رکھ کر خانساماں سے جو کچن سے آگیا ہے) دیکھو خانساماں کون ہے ؟ (خانساماں دروازے کی طرف جاتا ہے) اور سنو کوئی صاحب کو پوچھ رہا ہو تو نام پتہ لے لینا اور چلتا کر دینا۔ کوئی مجھ سے ملنے والا ہو تو ادھر برآمدے میں بٹھانا۔۔۔ اور دیکھو مجھے بات کرتے ہوئے ڈسٹرب مت کرنا۔۔۔

خانساماں : (تسلیم کرتے ہوئے سر ہلا کر) جی میم صاب۔

(چلا جاتا ہے۔)

نیلما : (ریسیور سے ہاتھ ہٹا کر) تو میں کہہ رہی تھی کہ "پروپوز" تو میرا نام تم کو یا دھیرا کو کرنا پڑے گا۔ اب تم دونوں مل کر طے کر لو۔ (قدرے دھیمی آواز میں) دیکھو کانتا۔ ہم کو گٹ تو بنانا ہی پڑے گا۔ جب ملک کی سیاسی پارٹیوں کا، ملک کی سرکار کا کام گٹوں کے بغیر نہیں چلتا تو ہمارا ہی کیسے چلے گا۔ ہم ایک دوسرے کو سپورٹ کریں گے، جبھی کچھ کر سکیں گے۔ میں چاہتی ہوں کہ تم خزانچی بنو۔۔۔ ارے نہیں کیا۔۔ ۔ بینک کے منیجر کی بیوی ہو اور خزانچی بننے سے گھبراتی ہو۔ ہم سارا اکاؤنٹ تمہارے مہروترا صاحب کے بنک میں ٹرانسفر کر دیں گے۔ مانو نہ مانو۔ بنا گٹ بنائے۔ بنا ایک جٹ ہوئے کام چلے گا نہیں۔۔۔ سی بی بتاتے تھے کہ سماجی فلاح و بہبود کے شعبے میں بہت سی ایسی اسکیمیں ہیں جن سے غریبوں کو راحت پہنچانے کے لئے سرکار روپیہ دیتی ہے۔۔۔ اب یہ تو صدر اور خزانچی کو ہی معلوم ہونا چاہئے کہ کہاں کتنا خرچ ہوا۔ (طنز سے) کون کتنا

رکھتا ہے یہ۔۔۔(فوراً لہجہ بدل کر) نہیں نہیں میں یہ نہیں کہتی کہ شہلا ایسا کرتی ہے۔۔۔ لیکن بغیر کسی فائدہ کے وہ یوں ہی تو اس عہدے سے نہیں چمٹی ہوئی۔۔۔ہاں۔۔۔ہاں۔۔۔ہزار دو ہزار اپنے پاس سے بھی خرچ کر دیتی ہو گی۔۔۔ لیکن یہ تو دیکھو کہ جن غریبوں میں وہ روپیہ بانٹتی ہے ان کے ووٹ کنٹرول کرتی ہے۔۔۔ اور سیاست میں اس کی بڑی اہمیت ہے۔۔۔ ہاں ہاں میں نے بھی سنا ہے کہ سنہا صاحب کارپوریشن کے چناؤ میں کھڑے ہونا چاہتے ہیں۔۔۔ تو بس تم خود ہی سوچ لو۔۔۔ہاں ہاں اثر ورسوخ کی بات بھی ہے ہی۔

(خانساماں چپ چاپ کھڑا ہو جاتا ہے کہ نیلما اپنی بات ختم کرے تو وہ اپنی کہے۔)

نیلما :تو میں تم پر بینک کروں۔ یقین رکھو اگر میں صدر ہوتی ہوں، دھیرا سکریٹری، تم خزانچی اور ایگزیکٹیو میں ہماری اکثریت ہوتی ہے تو مہر وترا صاحب کا بھی اس میں یقیناً بہت فائدہ ہو گا۔ ٹھیک ہے تم سوچ لینا میں کل شام چھ بجے تمہاری طرف آؤں گی (ہنستی ہے) سعیدہ بانو! ارے وہ تو مسز گنجو کی ضیمہ ہے۔ گنجو جو کرے گی وہی بانو کرے گی۔۔۔ میرے کوٹ کی بڑی تعریف کر رہی تھی اور خود بھی بنوانا چاہتی ہے۔۔۔ ہاں ہاں۔۔۔ تم نے بھی کی تھی۔۔۔ دیکھوں گی اگر کپڑا مل گیا تو تمہارے لئے ایک کوٹ کا ضرور لاؤں گی۔۔۔اچھا بائی۔۔۔کوئی باہر ملنے کے لئے آیا ہوا ہے۔او۔کے۔

(ریسیور رکھ دیتی ہے۔)

نیلما :کون ہے؟

خانساماں :سلوجا میم صاب ہیں۔

نیلما :سرلا!۔۔۔ارے تو لے آتے۔

خانساماں :آپ ہی نے کہا تھا کہ آپ سے کوئی ملنے آئے تو۔۔۔

نیلما اسے ادھر بٹھانے کو تھوڑی کہا تھا۔ مگر ٹھیک ہے ادھر کے بر آمدے میں سبھی آ جاتے ہیں اور میں نہیں چاہتی کہ سلوجا کو شہلا کی کوئی دوست یا پڑوسن یہاں دیکھے۔ کوئی آئے تو باہر بٹھانا۔ یہ مت کہنا کہ ادھر بیٹھی ہوں۔ کہنا کہ دیکھ کر بتاتا ہوں۔ پڑوس میں نہ نکل گئی ہوں۔

خانساماں :جی بہتر میم صاب۔

(نیلما باہر جاتی ہے۔ خانساماں دروازے کی چٹخنی چڑھا کر کھانے کی میز صاف کرتا ہے۔ پھلوں اور رس گلوں کی پلیٹیں ریفریجریٹر میں اور نمکین وغیرہ کی طشتریاں سائڈ بورڈ پر ٹکا کر چائے کی پیالی اور ٹی پاٹ وغیرہ ٹرے میں رکھ کچن کو لے جاتا ہے۔ کچھ لمحوں کے بعد کال بل بجتی ہے۔ خانساماں باورچی خانے سے بھاگا آتا ہے اور دروازہ کھولتا ہے۔ جناب چندر بدن کھیڑا جو دوست احباب اور قریبی رشتے داروں اور عزیزوں میں سی بی کے نام مشہور ہیں داخل ہوتے ہیں۔)

سی بی :(بیوی کو آواز دیتے ہوئے) محترمہ نیلما جی!

خانساماں :میم صاب سلوجا میم صاب کے ساتھ ادھر کے بر آمدے میں بیٹھی ہیں۔ بلالاؤں صاب؟

سی بی :انہیں بیٹھنے دو۔ تم پانی کا ایک گلاس لے آؤ (پیچھے کی طرف مڑ کر) آؤ موہن آؤ۔

(موہن ایک خوش پوش نوجوان۔ سی بی صاحب کے پیچھے داخل ہوتا ہے۔ ٹھیکے دار ہے۔ قومی فلاح و بہبود کے ڈپارٹمنٹ سے ٹھیکے لیتا ہے۔ تاہم سی بی صاحب سے عمر میں دس سال چھوٹا ہے۔ لیکن ان سے خاصا بے تکلف ہے۔)

سی بی :(موہن سے) محترمہ نیلما جی تو ادھر بر آمدے میں اپنی اس چڑیا کی

بیگم جیسی سہیلی کے ساتھ بیٹھی ہیں۔ تم آرام سے بیٹھو موہن۔ میں بہت تھک گیا ہوں، ذرا لیٹوں گا۔

موہن : (جو کوچ پر بیٹھ گیا تھا مگر سی بی صاحب کی بات سن کر ذرا سا اٹھتا ہے اور دونوں ہاتھ بڑھا کر کہتا ہے) ہاں ہاں آپ آرام کیجئے۔

(سی بی صاحب لمبے کوچ پر لیٹ جاتے ہیں اور لیٹنے سے پہلے تپائی سے ویکلی اٹھا کر موہن کی طرف پھینکتے ہیں۔)

سی بی : تم ذرا ویکلی دیکھو۔ خشونت سنگھ کا تو پتا کٹ گیا۔ تازہ سنڈے میں اس کے بیٹے راہل کا بیان چھپا ہے کہ مالکوں نے کیسے ان سیر یمو نئیلی اس کو چلتا کر دیا اور یہ لوگ کہتے ہیں کہ ایمر جنسی میں جو آواز بند ہو گئی تھی، اسے آزاد کر دیا گیا ہے اور سنسر شپ ہٹا دی گئی ہے۔

(بغل سے گڈی اٹھا کر سر کے نیچے رکھتے ہیں اور سر کو ذرا سا ٹھیک کر کے آرام سے لمبے کوچ پر دراز ہو جاتے ہیں اور اخبار پڑھنے لگتے ہیں۔)

موہن : تب تو ایک ورگھیز کو لے کر ہائے توبہ مچی تھی۔ اب تو تین تین ایڈیٹروں کو ہٹا دیا گیا ہے۔ مزے کی بات تو یہ ہے کہ ہندی روزنامے کے جس ایڈیٹر کو عمر کی بنا پر ریٹائر کیا گیا ہے، ایڈیٹر اس سے کئی سال بڑا ہے۔

(سی بی فرمائشی قہقہہ لگاتے ہیں۔ موہن ویکلی کے صفحے پلٹتا ہے۔ خانساماں پانی کا گلاس لے کر آتا ہے تپائی رکھ جاتا ہے۔ اسی وقت نیلما کے تیز تیز چلنے اور چلانے کی آواز آتی ہے۔ دوسرے لمحے دروازہ پٹاخ سے کھلتا ہے۔ پاروتی کا بازو پکڑے چلاتی ہوئی آگے آگے نیلما، پیچھے رام ادھار اور سرلا داخل ہوتے ہیں۔ نیلما پاروتی کو گھسیٹتی ہوئی کمرے کے عین وسط میں آجاتی ہے۔۔۔ پاروتی خوبصورت ہے، جس نے بالکل نیلما جیسا کوٹ پہن

رکھا ہے۔ پانوں میں اس کے آلتا ہے۔ چاندی کی پازیب اور صاف ستھری سوتی ساڑی پہنے ہے۔ لیکن اس کے باوجود اس کا سارا وجود اس کے نوکرانی ہونے کی چغلی کھاتا ہے۔ رام ادھار وہاں دروازے کے پاس رک جاتا ہے۔ سرلا بڑھ کر دوسرے سنگل کوچ پر بیٹھ جاتی ہے۔)

نیلما : تیری جرأت ہوئی کیسے، میرے بنگلے میں رہ کر میرا مقابلہ کرنے کی!

(نوکرانی کا بازو چھوڑ کر کمرے کا چکر لگاتی ہے۔ معاً اس کی نگاہ کوچ پر لیٹے اپنے شوہر پر جاتی ہے جو اچھل کر اٹھ بیٹھتا ہے۔)

نیلما : اچھا ہوا سی بی تم آگئے۔ تم ہمیشہ اس پاروتی کی طرف داری کرتے ہو اور مجھ پر الزام لگاتے ہو۔ دیکھو ذرا اس بد تمیز عورت کی حرکت۔

(پھر پاگلوں کی طرح کمرے میں چکر لگاتی ہے۔)

سی بی : ہوا کیا محترمہ؟

نیلما : (بالکل شوہر کے پاس جا کر جیسے اس کے سر پر سوار ہو کر گرجتے ہوئے) ہوا میرا سر۔ کبھی تو سیریس رہ کر بات کیا کرو۔ تمہیں ہر وقت مذاق سوجھتا ہے۔

سی بی : (اور بھی گھبراتے ہوئے) کچھ بتاؤ بھی!

موہن : کیا ہوا بھابی؟

نیلما : (ذرا سا مڑ کر دونوں کو سناتے ہوئے) میں کانتا سے بات کر رہی تھی کہ سرلا نے کال بیل بجائی۔ مجھے ڈسٹرب نہ کرنے کے خیال سے خانساماں اسے ادھر کے بر آمدے میں لے گیا۔

سی بی : (سرلا کی طرف دیکھتے ہوئے) عجب احمق ہے۔

نیلما : (جیسے سرلا کو صفائی دیتے ہوئے) میں نے ہی کہا تھا کہ وہ مسز پلے

آئے تو ادھر کے برآمدے میں بٹھانا۔ یہ سرلا کو ہی ادھر بٹھا آیا۔ فون رکھنے پر جب مجھے پتہ چلا تو میں بھاگی گئی۔ ابھی ٹھیک سے بیٹھی بھی نہ تھی کہ پاروتی سجی بجی رام ادھار کے ساتھ کوٹھری سے نکلی اور میرے سامنے سے ہو کر گیٹ کی طرف۔۔۔

رام ادھار :باہر جائے کے دوسر کو نو رستہ ناہنا میم صاحب۔

نیلما :سوال دوسرے راستے کا نہیں۔ سوال یہ ہے کہ اس نے یہ کوٹ سلایا کیسے؟

(پھر کمرے میں گھومنے لگتی ہے۔)

رام ادھار :(صفائی دیتے ہوئے) میم صاحیب! پاربتی ناہیں۔۔۔

سی بی :کون سا کوٹ؟

نیلما :(پلٹ کر) تم نے کیا آنکھیں بند کر رکھی ہیں سی بی۔ (پاروتی کے پاس جا کر اس کے کوٹ کا دامن کھینچ کر شوہر کو دکھاتے ہوئے) یہ۔۔۔ یہ۔۔۔ یہ! دیکھتے نہیں، عین مین میرا والا کپڑا ہے۔ اسے یہ سلانے کی ہمت کیسے ہوئی؟

سی بی :تم نے پیسے دیئے تھے؟

نیلما :(بے طرح چڑ کر) تمہیں کیا ہو گیا ہے سی بی اس نے اپنے پیسے خرچ کئے ہوں تو بھی کیا اسی کپڑے کا کوٹ اسے سلانا چاہئے، جو اس کی مالکن پہنتی ہے۔۔۔ کیوں سرلا۔۔۔ موہن؟

سرلا : (جیسے شاستروں میں لکھی ہوئی کوئی صداقت بیان کر رہی ہو) نوکروں کو اپنی اوقات میں رہنا چاہئے۔۔۔

نیلما :اور کیا!

موہن :لیکن بھابی۔۔۔

رام ادھار :(صفائی دیتے ہوئے) میم صاحب پاربتی۔۔۔

نیلما :(جاکر جیسے ان کو اپنے وجود سے چھاتے ہوئے) میم صاب پاروتی۔۔۔ میم صاب پاروتی۔۔۔ میم صاب پاروتی۔۔۔ کیا!۔۔۔ تیری یہ اوقات ہے کہ تو اپنی بیوی کو اپنی مالکن جیسا کوٹ پہنچائے۔ اسی کے بنگلے میں رہ کر!۔۔۔ دن تو سارا اس کا برتن مانجھنے، بچہ کھلاتے، کپڑے دھوتے گزرتا ہے، اور چلی ہے مقابلہ کرنے اپنی مالکن کا۔ (منھ بچکا کر) باندی بستیاں شہیتروں سے گل بہیاں۔

سی بی :محترمہ نیلما جی۔۔۔

موہن :(سمجھانے اور پھسلانے کے انداز میں) بھابی!۔۔۔

(لیکن نیلما نہیں سنتی، غصے میں کمرے کا چکر لگاتی ہے۔)

رام ادھار :میم صاحب! اسی خود دے ناہی سیائس۔۔۔

نیلما :(بیچ ہی سے مڑ کر) اس نے نہیں سلایا تو کیا آسمان سے ٹپک پڑا؟

رام ادھار :سیلا میم صاحب سیائے دہن۔

نیلما :کیا کہتے ہو۔ او سی ایم کا کپڑا اور این ایس احمد آباد کی لائننگ۔۔۔ دو سو روپئے تو کپڑے پر لگ جاتے ہں اور شہلا نے اسے سلا دیا۔

رام ادھار :آپ کھانساماں کو بھیج کے پچھوائی لیؤ۔ پچھلا مہینہ جب آپ نوا کوٹ بنوائے رہن۔ ہم کہے رہے کہ ہجواری پر ان والا پاربتی کے دے دیؤ۔ تب آپ منع کر دہن کہ تینو برس ناہیں بھوااے کے سیائے۔

پاروتی :ہم سیلا میم صاحیب سے کہا کہ سردی آئے گئی با۔ کونو پر ان دھران کوٹ دے دیؤ۔ تب سیلا میم صاحیب کہن پر ان دھران کا، تے پہن تو نوا سلائے دیئی۔ ہم ناہیں چاہت تے پر ان دھران کوٹ پہن کے ٹکو بابا کے کھلاوت پھرے۔ اور بچہ کے

جنم دن پر۔۔۔

نیلما :(گرج کر) اس نے تین سو کا کوٹ سلا دیا۔

رام ادھار :آپ کھانساماں کا بھیج کے پچھوائی لیؤ۔

نیلما :لیکن جب انھوں نے کپڑا پسند کیا تھا تو تم سے کہا نہیں گیا کہ اس کپڑے کا کوٹ میم صاحب پہنتی ہیں۔ آپ کوئی دوسرا لے دیجئے۔

پاروتی :اون کپڑے دکھائے ناہیں میم صاحب۔ درجی کے بلائی کے ناپ لے لیہن۔ اور کوٹ بن کے آئی تو پہرائی دہن۔

نیلما :تو جاؤ، اسے ابھی جا کر شہلا کو واپس کر کے آؤ۔

موہن :بھابی! اس میں اس بے چاری کا کیا قصور ہے؟

نیلما :قصور۔۔۔ اس کا کیوں نہیں ہے؟

سی بی :محترمہ نیلما جی! آپ زیادتی کرتی ہیں۔

نیلما :تم چپ رہو سی پی۔۔۔ جو بات تم نہیں سمجھتے اس میں ٹانگ مت اڑاؤ۔

موہن :لیکن بھابی! یہ کوٹ واپس دینے جائے گا تو اس میں شہلا کی بے عزتی نہیں ہو گی۔

نیلما :یہی تو میں چاہتی ہوں۔

سی بی :لیکن۔۔۔

نیلما :(غصے سے) تم یہ نہیں سمجھتے کہ پاروتی یہ کوٹ پہنے گی تو میں کیسے پہن سکتی ہوں۔ تم ہی نے اسے اتنی لفٹ دے رکھی ہے کہ آج یہ میرے مقابلے پر آ کھڑی ہوئی ہے۔ اسے میرے بنگلے میں رہنا ہے تو اسے کوٹ ابھی اسی وقت جا کر واپس کرنا ہو

گا۔

پاروتی :ہم تو میم صاحب کہے رہے سیلا میم صاحیب سے کہ ہم گریب متئی ہئی سرکار، برتن بھانڈا کرت ہے، اتنا مہنگا کوٹ ناہیں پہر سکت۔ میم صاحیب بولیں:نوکر مالک میں کونو پھرک ناہیں۔ کل تور تین لاکھ کی لاٹری نکل آوے تو کاتے برھیا کوٹ نہ سلوائے لیبے۔تے محنت کرت ہے۔ کونو کھیرات ناہیں پاوتے۔ ٹکو بابا کے ساتھ جاوا کرتوا لے ہی ہی کوٹ پہرا کر۔ ہم لاکھ کہا میم صاحیب لیکن او ایکو نہ سنائن۔۔۔ ہم ابہن ٹکو بابا کے ہی کھلاوے جات رہے۔

نیلما :تو جاؤ، انھیں کے گھر جا کر رہو۔

(نہ پاورتی ہلتی ہے نہ رام ادھار۔ ایک لمحے کی خاموشی)

نیلما :(زور سے چلا کر) تم تو یہ کوٹ واپس نہیں کروگی (دونوں میں کوئی نہیں ہلتا) رام ادھار! میں نے تم سے پہلے ہی کہا تھا کہ پاروتی سامنے کے بنگلے کا کام نہیں چھوڑ سکتی تو تم یہاں نہیں رہ سکتے۔ تم دونوں اسی وقت میرا بنگلہ خالی کر دو۔ جاؤ۔۔۔ جاؤ (پاروتی تذبذب میں ہے) جاؤ۔۔۔

رام ادھار :چلو پاربتی۔

(اچانک رام ادھار بڑھ کر اس کا بازو پکڑتا ہے اور اسے لے جاتا ہے۔)

نیلما :(اس وقت جب وہ دروازے میں ہی ہوتے ہیں) اور سی بی تم نے اس احسان فراموش کو اگر کل دفتر سے نہ نکالا تو مجھ سے برا کوئی نہ ہو گا۔

سی بی :میں نے تمہارے ہی زور دینے پر اسے رکھا تھا (کندھے جھٹکاتے ہوئے) تم کہتی ہو تو کل نکال دوں گا۔ لیکن سوچ لو۔ آج کلاس فور کے افسر۔۔۔ یعنی یہ چپراسی۔۔۔ اپنے آپ کو کلاس ون کے افسروں سے کم نہیں سمجھتے۔ رام ادھار جیسا بھلا

چپراسی جلدی میں نہیں مل سکتا۔

نیلما :میں اور اب کچھ برداشت کر سکتی ہوں لیکن احسان فراموشی برداشت نہیں کر سکتی۔ اک دم بیکار اور بھوکا مرتا تھا۔ جب میں نے کالج میں اسے نوکری دی تھی۔ پھر جب اس کی نوکری چھوٹ گئی اور یہ کناٹ پلیس میں۔۔۔

سی بی :لیکن محترمہ نیلما جی، وہ صبح سے رات گیارہ بجے تک ہماری خدمت اسی لئے تو کرتا ہے۔ صبح سویرے اٹھ کر ایک میل جاکر وہ بھینس کا دودھ دوا کر لاتا ہے۔ مارکیٹ میں جاکر سبزی ترکاری لاتا ہے۔ کمرے صاف کرتا ہے۔ مہمان آجاتے ہیں تو گیارہ گیارہ بجے رات بیرے کا۔۔۔

نیلما :مجھ سے بحث مت کرو سی بی اس نے میری بات نہیں مانی اور وہ میرے بنگلے میں نہیں رہ سکتا۔

موہن :لیکن بھابی اتنے دن ان لوگوں نے آپ کی خدمت کی ہے۔ مکان پڑے ہوئے نہیں ملتے۔ یہ کہاں جائیں گے۔ بے چارے۔۔۔

نیلما :میری طرف سے جہنم میں جائیں۔ ایسے احسان فراموشوں کو میں اپنے بنگلے میں نہیں رہنے دوں گی۔

سرلا :(سی بی سے) نیلما ٹھیک کہتی ہے بھائی صاحب۔ جب شہلا سے اس کی ٹھن گئی ہے تو اگر آپ کو نوکر یا اس کی بیوی اس کے ہاں کام کرتے ہیں تو سمجھئے اس کا ایک جاسوس دن رات آپ کے ہاں رہتا ہے۔ پھر سرکاری نوکری بھائی صاحب آج کل گری پڑی نہیں مل جاتی۔ بی اے، ایم اے پڑھے چپراسی ہونے کے لئے مارے مارے پھرتے ہیں۔ دو مہینے بے کار رہے گا تو آٹے دال کا بھاؤ معلوم ہو جائے گا اور پھر آکر آپ کے پاؤں پر سر رگڑے گا۔

(خانساماں کچن سے تیز تیز داخل ہوتا ہے۔)

خانساماں : صاحب وہ رام ادھار اور پاربتیا اپنا سارا سامان اٹھا کر سامنے کے بنگلے میں جا رہے ہیں۔

نیلما : (غصے اور حیرت سے) کیا۔۔۔!

خانساماں : رام ادھار کہتا گیا ہے کہ میم صاب ہماری نوکری لیوا چاہت ہیں۔ ہماری نوکری کی کونو کمی ناہیں نا۔

سرلا : (اک دم اٹھ کر) میں کہتی ہوں یہ سب شہلا کی سازش ہے۔ اس کا خانساماں دیس جا رہا ہے۔ اسے یقیناً رام ادھار کی ضرورت ہوگی اور اس نے۔۔۔

موہن : چناؤ سر پر ہے۔ بھابی آپ نے نوکروں کو نکال کر اچھا نہیں کیا۔ نہ جانے یہ ساری لوکیلیٹی میں کیا کیا کہتے پھریں گے۔۔۔

سی بی : محترمہ نیلما جی، مجھے تو ایسا معلوم ہوتا ہے کہ تمہاری پڑوسن نے صرف ایک گرم کوٹ سلوا کر تمہارے دونوں نوکر چھین لئے۔ میں نہ کہتا تھا کہ۔۔۔

نیلما : (غصے سے بے قابو ہو کر) تم چپ رہو سی بی! تم چپ رہو!

(لاچار سی ہو کر کرسی میں دھنس جاتی ہے۔ اچانک سی بی کی نظر پانی کے گلاس پر جاتی ہے۔ وہ چپ چاپ گلاس اٹھا کر پانی پینے لگتے ہیں۔ جب فوراً پردہ گر تا ہے۔)

***